AMARSE CON LOS OJOS ABIERTOS

AMARSE CON LOS OJOS ABIERTOS

JORGE BUCAY
SILVIA SALINAS

DEL NUEVO EXTREMO   RBA integral

Amarse con los ojos abiertos

Autores: Jorge Bucay y Sílvia Salinas
Diseño de cubierta: Opalworks
Fotografía de cubierta: Gettyimages
Compaginación: Marquès, S.L.

© del texto, 2000, Jorge Bucay
© de esta edición:
    2003, RBA Libros, S.A.
    Pérez Galdós, 36 – 08012 Barcelona
    www.rbalibros.com / rba-libros@rba.es
    2000, Magazines, S.A.
    Juncal 4651 (1425) Buenos Aires – Argentina

Sexta edición: febrero 2004

Ref.: LR-45
ISBN: 84-7901-939-5
Depósito legal: B. 9954 - 2004
Impreso por Bigsa

A Roberto Francisco Gómez,
sin cuya ayuda
hubiera sido imposible
escribir este libro.

Prólogo a la edición española

Hace 12 años, cuando mi colega y amiga Julia Atanasópulo me invitó a coordinar con ella un seminario terapéutico en Granada para los pacientes del Centro Andaluz de Psicoterapia, la emoción hizo que un frío me recorriera la espalda.

Por un lado porque era la primera vez en mi vida que pisaría Europa, una vieja asignatura pendiente para casi todos los argentinos de clase media que soñábamos con volver a la tierra de padres o abuelos. Por otro porque la posibilidad de volver a trabajar con la Lic. Atanasópulo como lo hacíamos cuando ella vivía en Buenos Aires, era sumamente atractiva. Y, por último, sin duda, por el halago que significaba su reconocimiento y la opción de conocer España gracias a mi profesión de psicoterapeuta.

Muchas cosas han pasado en este tiempo. Desde entonces una o dos veces por año nos reunimos con Julia y planeamos, diseñamos y creamos estructuras terapéuticas para nuestros talleres de fin de semana. Y, sin embargo, lo más sorprendente fue que esos primeros pacientes de Granada se fueron interesando por mi tarea literaria, por mis cuentos, por mis ensayos, por mi manera de escribir sobre psicología. Seguramente fue su interés y su dificultad para conseguir mis libros desde Argentina lo que nos hizo pensar, a mi agente y a mí, en publicar alguna vez en este país, siguiendo el consejo de Julia que insistía en ello (supongo que también como una manera de conseguir vernos más seguido).

Para mí estar escribiendo estas líneas se inscribe en la lista de mis grandes satisfacciones. Soy yo hoy el que de alguna manera quiere compartir con vosotros, que habéis leído y espero disfrutado *Déjame que te cuente* y *Cuentos para pensar*, este libro, mi primera novela. Es verdad que, como siempre en mí, la trama es nada más que una excusa para hablar sobre algún tema de nuestra psique, de nuestra alma, de nuestro interior, y sin embargo he disfrutado muchísimo de lo que le sucede a Laura, a Roberto y a Fredy. Esta es también una oportunidad para presentaros a Silvia Salinas, coautora de este libro y motor incansable de su primera edición en Argentina donde (por primera vez debo decir) este libro se transformó en el primer título en permanecer 76 semanas seguidas en lista de best-sellers.

Deseo que disfrutéis de esta travesura, deseo que os enredéis con los personajes en esta trama tan relacionada con nuestro cada vez más expandido mundo virtual, deseo que os veáis reflejados en algunos de los párrafos donde la teoría acerca de las parejas se mezcla con la trama y, sobre todo, deseo que podáis aprender algo que os sirva de cara al futuro

Gracias, una vez más, gracias

Jorge Bucay
Cerro de los machos N- 1
Piso Uno Apartamento A
Centro Andaluz de Psicoterapia
Granada - España
e-mail: julia@bucay.com

18 de febrero de 2003

Prólogo

Escribir sobre terapia de pareja es un desafío que muy pocos han enfrentado con éxito. Jorge Bucay y Silvia Salinas muestran a lo largo de este libro no sólo que conocen el tema, sino que además tienen la experiencia y la capacidad de ayudar efectivamente a las parejas en crisis —que quieren resolver su situación— a que lo puedan hacer desde un verdadero «darse cuenta».

Conozco muy bien el trabajo de Silvia Salinas por haber tenido la oportunidad de supervisar varias de sus primeras terapias de pareja. Sé de la seriedad con que trabaja y de los éxitos obtenidos. Parejas extremadamente difíciles lograron en su presencia y con su ayuda lo que parecía casi imposible.

Con Jorge he trabajado en talleres didácticos y terapéuticos. Y valoro profundamente los aportes que sus libros anteriores han representado para la difusión de la Gestalt.

Favorecer un verdadero encuentro entre dos que inicialmente se encontraron y se amaron, y que empiezan a distanciarse porque no son capaces de soportar, y menos de superar, sus propias limitaciones, requiere algo más que una técnica: es un verdadero arte de escuchar el aquí y el ahora. La manera que Jorge y Silvia encuentran para abordar este tema tan complejo es simplemente genial. El contrapunto entre la vida de Roberto y los *mails* de Laura, que constituye la trama básica de la novela, logra que los autores expresen de un modo sumamente original y fácil de captar aspectos esenciales de su propuesta para parejas.

El ordenador, a veces como un personaje que aporta suspense y tensión, otras veces como un recurso que se expande modificando el desarrollo mismo de la acción, es un verdadero hallazgo. A cada paso, lo entretenido del libro da lugar a la reflexión, y los temas —el contacto, el estar enamorado, los acuerdos, las peleas, la sexualidad, la identidad, los malentendidos— urden un tejido inesperado en el que la ficción, tan parecida a la realidad, pone eficazmente en escena la teoría.

Uno de los aspectos esenciales de empezar a ver al otro, tan alejado de nuestro ideal y distante de lo que fue nuestra imagen inicial, es nuestra propia incapacidad de aceptar en nosotros algo de aquello que criticamos. En el corto tiempo del enamoramiento no logramos aceptar ni reconocer ese aspecto en nosotros. Me refiero al aspecto o rasgo de carácter que negamos aún en su más mínima expresión, y que nos ha permitido extrapolar en sentido opuesto.

El «Yo idealizado» —de acuerdo con Perls, Horney, etc.— lo hemos construido especialmente negándonos o no dejando surgir en nosotros aspectos rechazados. La energía que utilizamos para mantener una «imagen idealizada de nosotros mismos», libre de esos «defectos» que el otro exhibe abiertamente, es muy grande. Esta es la maravilla del enamoramiento: dejamos de pelear con nosotros mismos por un tiempo. Todo aquello que rechazábamos y no queríamos admitir está en un contexto diferente y no sólo es aceptable, sino deseable. Muchas veces incluso lo admiramos, y desde ahí podría empezar el proceso de dejar crecer ese aspecto en uno mismo. Cuando este camino se bloquea, la admiración se transforma en envidia y ese es un tema básico para explorar en una pareja.

En este libro nada esencial referente al tema que nos interesa ha quedado fuera. Todo ha sido como mínimo mencionado para ser llevado a una reflexión mayor.

Tengo conciencia de que mi propio enfoque de lo que es una terapia de pareja no podría haber sido mejor asimilado, transmitido, completado y corregido como en este libro. Y eso me hace tener una deuda con los autores, porque es un tema muy querido para mí. Yo no me he tomado el trabajo de corregir viejos apuntes sobre la experiencia en laboratorios de pareja que fueron absolutamente reveladores para los participantes y para nosotros, los que nos esforzábamos en encontrar el modo de poner en evidencia lo obvio y descubrir lo dinámico de un proceso tan central en nuestras vidas.

Lo mejor de este libro es que abre las posibilidades de dialogar sobre el tema. Nada se dice de un modo trascendental y docto: todo lo expuesto se puede volver a pensar y cuestionar.

El espejo, como muy bien se muestra en este libro, nos devuelve una imagen digna de ser amada y verdadera de nosotros. No perfecta, verdadera. Es en el amor donde trascendemos nuestro ego. Cuando empiezan las críticas y las descalificaciones y empezamos a cultivar el desamor, el espejo nos muestra lo peor de nosotros, justamente aquello con lo que nos peleamos y por lo que nos odiamos a nosotros mismos y al espejo. El verdadero ser que algún día fuimos aparece como una fantasía o un delirio, pero nunca estuvimos más cerca de la verdad que entonces. Tal vez eso haga perdurar lo que produjimos en ese tiempo: hijos, obras, empresas.

Es cierto que todo eso ocurre cuando se trasciende el enamoramiento y llega el amor... Como dice Laura en este libro, «el amor se construye entre dos y basta que uno juegue en contra para que lo conseguido se destruya».

La presente obra tiene el inmenso valor de incluir todas las posturas, las dudas, las críticas. Mi único temor es que se lea demasiado rápido, ya que tiene la virtud de atraparnos desde el primer capítulo, incluso a los que no navegamos por Internet y apenas usamos los ordenadores para escribir.

En algún momento me han comentado que existe un *software* para la depresión. Eso me hizo pensar que, a raíz de este libro, alguien podría inventar un *software* para las crisis de pareja. Podría suceder. Pero lo que jamás podrán inventar es el efecto perdurable y mágico de la escucha amorosa y sin prejuicios de terapeutas que creen en las parejas, que saben que en una relación elegida y adulta hay una posibilidad ilimitada de crecimiento.

Jorge Bucay y Silvia Salinas lo saben y han tenido la increíble creatividad y capacidad para mostrarlo de un modo ameno que lo hace accesible a todo el mundo.

Por último, el desenlace de la historia que guía este libro es como el de toda buena novela: sorprendente y original.

ADRIANA SCHNAKE SILVA (Nana)
Anchilanen (Chiloe), febrero de 2000

LIBRO PRIMERO

rofrago@

Capítulo 1

Como de costumbre, encendió su ordenador y se sirvió un café. Detestaba la tiránica decisión de su PC, o de los ingenieros de sistemas o de la realidad, de hacerle esperar sin dejarle derecho al pataleo.

Cuando escuchó el arpegio de apertura del programa se acercó, movió el cursor sobre el icono que mostraba el pequeño teléfono amarillo y pulsó dos veces el botón izquierdo del *mouse*. Luego volvió a la cocina, esta vez con la excusa de espiar en la nevera para confirmar que allí no había nada tentador, aunque en realidad lo hizo para evitar que su máquina le viera ansioso e impotente esperando la apertura de su conexión con Internet.

Roberto tenía con su ordenador ese vínculo odioso que compartimos los cibernautas. Como todos, él sobrevivía con más o menos dificultad —según los días— a esa relación ambivalente que se tiene con aquellos que amamos cuando nos damos cuenta de que dependemos de sus deseos, de su buena voluntad o de alguno de sus caprichos.

Pero hoy el PC estaba en uno de sus días buenos. Había cargado los programas de distribución con velocidad y sin ruidos extraños y, lo más agradable, ninguna advertencia rutinaria había aparecido en la pantalla:

No se puede encontrar el archivo dxc.frtyg.dll
¿Desea buscarlo manualmente? ¿Sí? ¿No?

La unidad C no existe.
¿Reintentar, Anular o Cancelar?

El programa ha intentado una operación no válida y se apagará.
Cerrar

Error irreparable en el archivo Ex_oct. Put
¿Reintentar o Ignorar?

Nada de eso. Hoy era, pues, un día maravilloso.

Entró en su administrador de correo electrónico y tecleó automáticamente su *password*. La pantalla tintineó y se abrió la ventana de recepción del programa.

«*Hola, rofrago. Tiene seis (6) mensajes nuevos.*»

rofrago era el nombre de fantasía con el que había conseguido registrarse en el correo gratuito de su servidor. Hubiera querido ser simplemente *roberto@...*, pero no, otro Roberto se había registrado antes. También un *Rober...* y un *Bob...* y un *Francisco...* y *Frank...* y *Francis...* Así que combinó las primeras sílabas de su nombre y sus apellidos (Roberto Francisco Gómez) y se registró como *rofrago@yahoo.com*

Tomó un sorbo de café e hizo *clic* en la bandeja de entrada. El primer *e-mail* era de su amigo Emilio, de Los Ángeles.

Lo leyó muy complacido y lo guardó en la carpeta «Correspondencia».

El segundo era de un cliente que finalmente encargaba un estudio de marketing para una nueva revista de cine y teatro. Le gustó la idea y mandó la carta a la carpeta «Trabajo».

Los dos siguientes eran publicidad intrusiva. No se sabe quién quería vender vaya a saber qué a cualquiera que fuera tan idiota como para querer comprarlo... No se requería experiencia previa.

¡Cuánto le molestaban esas invasiones no autorizadas a sus espacios privados! Odiaba esos *e-mails* casi tanto como odiaba las llamadas impersonales de su teléfono móvil: «Ha sido usted favorecido en un sorteo y ha ganado dos pasajes a Cochimanga. Debe pasar por nuestras oficinas y completar sus datos, firmar los formularios y darnos su consentimiento para hacerle llegar *sin cargo alguno* a su domicilio un maravilloso lote de...».

Borró esos dos mensajes rápidamente y se detuvo en el siguiente. Era una carta de su amigo Ioschua.

Leyó con atención cada frase e imaginó cada gesto de la cara de Iosh cuando escribía. Hacía tanto que no se veían... Pensó que debía escribirle una larga carta. Pero aquel no era el momento. Dejó el *e-mail* en la bandeja de entrada para que actuara como un recordatorio automático de su deseo.

El último mensaje era llamativo. Llegaba de un destino desconocido: *carlospol@spacenet.com*. El tema del envío figuraba como «Te mando». Roberto tenía la dirección electrónica en su tarjeta profesional, así que pensó que le llegaba otra propuesta de trabajo. «¡Maravilloso!», se dijo.

Abrió el mensaje. Era un *e-mail* dirigido a un tal Fredy en el que alguien enviaba saludos y divagaba sobre no se entendía qué propuesta acerca de las parejas. Firmaba Laura.

Roberto no recordaba a ninguna Laura ni a ningún Carlos que pudieran escribirle, y mucho menos le concernía la temática de la carta, así que rápidamente se dio cuenta de que era un error y borró el mensaje de su ordenador y de su mente. Apagó el PC y salió para ir a su trabajo.

A la semana siguiente le llegó un segundo *e-mail* procedente de *carlospol@spacenet.com*. Roberto tardó menos de cinco segundos en presionar la tecla «Eliminar».

Aquellos episodios habrían sido absolutamente intrascendentes en la vida de Roberto si no fuera porque, tres días más tarde, otro «Te mando» de Carlos llevaba a su ordenador una nueva carta de Laura. Un poco fastidiado eliminó el mensaje sin siquiera leerlo.

El tercer mensaje de Laura llegó a la cuarta semana. Roberto decidió abrirlo para descubrir dónde estaba el error. No quería seguir sintiendo aquella pequeña satisfacción y excitación que siempre le producía recibir correspondencia para luego frustrarse al comprobar que él no era el verdadero destinatario. El mensaje decía:

Querido Fredy,

¿Qué te ha parecido lo que te he escrito? Podríamos charlar o cambiar las cosas con las que no estés de acuerdo. ¿Has hablado ya con Miguel? Estoy tan excitada con la idea del libro que no puedo parar de escribir. Aquí va otro envío.

Y seguía un largo texto sobre las relaciones de pareja. Roberto tenía algo de tiempo, así que lo leyó rápidamente.

Cuando las personas se encuentran con dificultades en su relación, tienden a culpar a su pareja. Ven claramente cuál es el cambio que necesita hacer el otro para que la relación funcione, pero les es muy difícil ver qué es lo que ellas hacen para generar los problemas.

Es muy común preguntarle a una persona en una sesión de pareja:

—¿Qué te pasa?

Y que te conteste:

—Lo que me pasa es que él no entiende...

Y yo insisto:

—¿Qué te pasa a ti?

Y ella vuelve a contestar:

—¡Lo que me pasa es que él es muy agresivo!

Y yo sigo hasta el cansancio:

—Pero, ¿qué sientes tú? ¿Qué te pasa a ti?

Y es muy difícil que la persona hable de lo que le está pasando, de lo que está necesitando o sintiendo. Todos quieren siempre hablar del otro.

Es muy diferente enfrentarse a los conflictos que surgen en una relación con la actitud de reflexionar sobre «qué me pasa a mí» que enfrentarse a ellos con enfado pensando que el problema es que estoy con la persona inadecuada.

Muchas parejas terminan separándose porque creen que con otro sería distinto y, por supuesto, después se encuentran con situaciones similares en las que lo único que ha cambiado es el interlocutor.

Por eso, frente a los desencuentros vinculares, el primer punto es tomar conciencia de que las dificultades son parte integral del camino del amor. No podemos concebir una relación íntima sin conflictos.

La salida sería dejar de lado la fantasía de una pareja ideal, sin conflictos, enamorados permanentemente.

Es sorprendente ver cómo la gente busca esta situación ideal.

«...y cuando el señor X se da cuenta de que su pareja no se corresponde con ese modelo romántico ideal y novelesco, insiste en decirse que otros sí tienen esa relación idílica que él está buscando, pero él tuvo mala suerte... Porque se casó con la persona equivocada...»

¡No!

No es así.

No se casó con la persona equivocada.

Lo único equivocado es su idea previa sobre el matrimonio, la idea de la pareja perfecta. En cierto modo, me tranquiliza saber que esto que no tengo no lo tiene nadie, que la pareja ideal es una idea de ficción y que la realidad es muy diferente.

El pensamiento de que el césped del vecino es más verde o de que el otro tiene eso que yo no consigo parece generar mucho sufrimiento.

Quizás aprender estas verdades pueda liberar a algunas personas de estos tóxicos sentimientos. La realidad mejora notoriamente cuando me decido a disfrutar lo posible en lugar de sufrir porque una ilusión o una fantasía no se realizan.

La propuesta es: hagamos con la vida posible... lo mejor posible.

Sufrir porque las cosas no son como yo me las había imaginado no sólo es inútil, sino que además es infantil.

—Estos psicólogos nunca van a aprender a manejar un ordenador—, pensó Roberto recordando las consultas técnicas que cada tanto le hacía su amiga Adriana, la psicóloga.

Revisó cuidadosamente el destinatario: *rofrago@yahoo.com*

R-O-F-R-A-G-O. ¡No había duda! El mensaje iba dirigido a su buzón.

Se quedó unos minutos inmóvil mirando a la pantalla. Quería encontrar una respuesta más satisfactoria para el misterio de los *e-mails*, pues le parecía que la ineptitud de Laura no era suficiente explicación.

Decidió entonces que el tal Fredy debía tener un buzón con un nombre de cuenta o *mail* parecido al suyo. La asignación de los buzones libres se hacía automáticamente y, por lo tanto, bastaban pequeñas diferencias para que el servidor aceptara las nuevas cuentas. Seguramente Fredy (como él mismo) tampoco había podido registrarse con su nombre, así que había utilizado su apellido o el nombre de su perro o vete a saber qué. Su dirección electrónica era entonces *rodrigo*, *rodrago* o *rofraga*... Y Laura la había anotado mal. Alguien no estaba recibiendo un material y una psicóloga estaba escribiendo para él algo que nunca le llegaría.

Muy bien. Todo aclarado. ¿Y ahora?

Durante algún rato libre del fin de semana resolvería el problema: alertaría a Laura de su error y ella encontraría la verdadera dirección de Fredy Rofraga (había decidido que ese era su apellido).

Roberto apagó su PC y se fue a la oficina.

Las pocas líneas de la tal Laura le rondaron la cabeza todo el día y, cuando hacia el final de la tarde lo llamó su novia, se enredó con ella como tantas otras veces en aquellas discusiones infinitas que solían tener.

Cristina se quejaba de que él nunca tenía tiempo para salir. Cuando no estaba trabajando estaba descansando por haber trabajado y, cuando no hacía ninguna de esas dos cosas, estaba sentado en su escritorio frente a su PC, «conectado» literal y simbólicamente con la realidad virtual.

Roberto también se quejaba. Cristina era demasiado exigente. Ella debía comprender que Internet era su único momento de descanso y que él tenía derecho a disfrutar un poco de su tiempo libre.

—¡Ah, claro! Estar conmigo no es disfrutar... —había dicho Cristina.

—Bueno... A veces no... —contestó Roberto, lo cual (pensó después) fue un exceso de sinceridad.

—¿Por ejemplo?

—Por ejemplo cuando me agobias con quejas y reclamaciones.

Cristina había colgado. Con el auricular en la mano, Roberto recordó la última discusión con Carolina, su anterior pareja, y sintió cómo venía a su mente una frase que había leído aquella mañana en el *e-mail* de Laura:

«... situaciones similares en las que lo único que ha cambiado es el interlocutor...»

Y además recordó:

«Todos quieren siempre hablar del otro.»

¡Era cierto! Eso era lo que Cristina y él hacían en cada discusión. Y era eso mismo lo que había puesto fin a su relación con Carolina. De hecho, se había separado de ella porque creía que con otra sería distinto.

Aquella tarde se fue de la oficina un poco más temprano. Quería releer el texto sobre parejas.

Apenas llegó a casa tiró la chaqueta sobre el viejo sillón gris de la entrada y encendió su PC. Esta vez la carga de los programas iba más lenta que nunca, pero esperó. Finalmente abrió su administrador de correo y pulsó sobre el «Te mando».

Ahí estaba.

Editó el escrito y lo copió en el procesador de texto. Desde allí abrió el archivo «temando.doc» y buscó las frases que recordaba. Usó el marcador amarillo para destacarlas y también marcó otras.

«Dejar de lado la fantasía de la pareja ideal.»
«Esto que yo no tengo, no lo tiene nadie.»
«Hacer con la vida posible... lo mejor posible.»
«Las dificultades son parte integral del camino del amor.»

Lo invadía una extraña mezcla de sensaciones: sorpresa, excitación, pudor, confusión. Algunas veces, en su historia había tenido aquella extraña impresión de que la vida le acercaba justo lo que él necesitaba de una manera misteriosa. Se acordó del día en que conoció a Cristina, hacía ya más de un año. Él estaba bastante triste y algo desesperado. Con el dolor de la partida de Carolina había aparecido la punta del iceberg de su depresión y durante tres semanas no había sentido el más mínimo deseo de salir a la calle. Recluido en su casa, dejaba sonar el teléfono hasta que el contestador automático se hacía cargo de las llamadas: mensajes acumulados que de vez en cuando borraba sin ni siquiera escuchar.

Aquella tarde, aburrido de aburrirse, había decidido cambiar el texto de bienvenida de su contestador por otro que dijera: «Estoy de viaje. No deje mensajes, nadie los recogerá». Le sonaba heroico y asertivo sincerarse de aquella manera con sus amigos y no crearles expectativas de respuesta. Pero cuando levantó la tapa para grabarlo, una voz apareció en el contestador.

—Hola, soy Cristina. Tú no me conoces. Me dio tu teléfono Felipe. Te voy a decir la verdad: el sábado tengo una fiesta increíble y sería terrible ir sola o, mejor dicho, SUELTA. Dice Felipe que eres un gran tipo, divertido e inteligente (justo lo que me ha recomendado mi médico). Si es cierto y tienes ganas de pasar un rato en buena compañía e ir a una maravillosa fiesta llámame al 63124376 antes del viernes. Si Felipe miente y no eres como él cree, perdón, número equivocado.

¿Por qué se había reproducido el mensaje si él no había tocado ninguna tecla?

Misterio.

¿Por qué Felipe, al que poco conocía, había dicho semejantes tonterías sobre él?

Misterio.

¿Quién se creía que era aquella mujer para desafiarlo a él? Misterio.

Llamó...

Y allí estaba otra vez aquella conjunción inexplicable. Una psicóloga que él no conocía, desde alguna parte del mundo, le mandaba a un tipo, en alguna otra parte del mundo, unas cosas sobre vínculos de pareja. Esas cosas llegaban a él sin ninguna justificación y eran justamente las que él necesitaba escuchar.

Magia.

Siempre había pensado que aquellas coincidencias hacían a los supersticiosos creyentes y a los esotéricos, fanáticos. Más allá de la existencia de un dios o de cien mil, éstos y aquéllos sólo usaban su fe en el Todopoderoso para explicar (acaso de un modo fantástico) aquello que la lógica no podía resolver, buscando refugio en la idea de la divinidad para poder aliviarse, seguros así de que su destino individual no está simplemente ligado al azar ni tampoco atado sólo a algunos aciertos o errores humanos. Roberto pensaba que hasta él mismo se tranquilizaría si pudiese creer que alguien o algo se haría cargo finalmente de su futuro, o si pudiese convencerse de que el destino, en toda su inmensidad, ya está escrito. Por desgracia no era su caso. Él no podía hacer otra cosa que aceptar la existencia del azar, de la casualidad, de lo inexplicable.

Coincidencias... Fortuna... Energías cruzadas... Buscaba en su mente la palabra que lo ayudara a definir lo que estaba sintiendo. En terapia había aprendido que es imposible tener dominio de la propia existencia si ni siquiera se le puede poner nombre a los hechos.

Se acostó pensando en la palabra que le faltaba. Así,

ensayando frases y combinaciones de sílabas, se quedó dormido.

De madrugada, se despertó sobresaltado. Debió haber tenido un sueño muy desagradable, porque la cama estaba revuelta y las sábanas, hechas un ovillo, habían terminado arrojadas al otro extremo de la habitación.

Se quedó en la cama sin moverse y volvió a cerrar los ojos para rescatar imágenes del sueño. Recordaba sólo algunas muy confusas: *palabras y palabras aparecían en los monitores de cientos de ordenadores, se reproducían vertiginosamente y crecían dentro de las pantallas hasta llenarlas todas... Después las desbordaban y caían hacia fuera invadiendo toda la realidad tangible...*

Un mundo lleno de palabras —pensó—. Demasiadas palabras. Tragó saliva y se levantó. En la ducha decidió que no iría a la oficina. De hecho, tenía mucho que ordenar y podía hacerlo desde su casa.

Trabajó un rato en sus papeles hasta que empezó a sentir sobre los hombros el peso del aburrimiento, aquel fantasma demasiado presente en su vida.

Levantó el teléfono y llamó a Cristina. Con un poco de suerte la encontraría a punto de salir de su casa.

—Hola —contestó Cristina impersonalmente.

—Hola —dijo Roberto, intentando apaciguar la historia.

—Hola —repitió Cristina en tono de fastidio.

—Tenemos que hablar —dijo Roberto.

—¿De qué? —contestó ella, decidida a ponerse difícil ante el acercamiento de él.

—De la situación política en Tanzania —ironizó él.

—¡Ja! —fue la seca respuesta al otro lado del teléfono.

—De verdad, Cris, veámonos esta noche. Tengo mucho que decirte y quiero leerte un texto que me ha llegado por Internet.

—¿Un texto de qué?

—De parejas.

—¿Cómo que «te ha llegado»?

—Después te lo cuento... ¿A las ocho en el bar?

—No, pásame a buscar por casa —dijo Cristina, estableciéndose por una vez en el lugar del poder.

—Bueno —dijo Roberto—, hasta luego.

—Hasta luego.

«Después te lo cuento», había dicho. ¿Le contaría a Cristina el verdadero origen del texto de Laura? Seguramente no. ¿Por qué no? Las cartas encontradas eran correspondencia personal y su actitud podía ser vista como una clara violación de privacidad. No quería que ella supiese que él había sido capaz de fisgonear en la vida de otro. Seguramente lo reprobaría, se enfadaría con él y despreciaría toda la utilidad del contenido de la carta.

Pero, como diría Laura —pensó Roberto—, más allá de Cristina, ¿qué me pasa a mí?

¿Tenía él derecho a violar correspondencia ajena?

«Soy yo quien lo reprueba, en realidad», se contestó.

Se levantó del sillón y encendió el ordenador. Abrió el procesador de texto y escribió.

Laura:

Estoy recibiendo en mi buzón de correo las cartas que usted envía a Fredy con los textos de lo que aparentemente es un libro sobre parejas.

Seguramente debe usted tener un error en la dirección de destino.

Atentamente,

Roberto Francisco Gómez

Abrió el administrador de correo para enviar el mensaje. El programa emitió automáticamente un «biiip» y abrió la ventana de recepción, que decía:

«*Hola, rofrago. Tiene un (1) mensaje nuevo.*»

Sintió un pequeño estremecimiento. Hizo un clic en la bandeja de entrada y encontró en negrita el remitente y el asunto del mensaje recibido.

carlospol@spacenet.com: Te mando

Su cuerpo —particularmente la espalda, los hombros y el brazo derecho— registró el conflicto entre su deseo y sus principios. Roberto dudó. «Es un espacio privado», se dijo. Pero de inmediato recordó el titular de portada de la revista de informática:

«Internet: el infinito sin privacidad.»

Y pensó en los *hackers,* esa legión de jóvenes que dedican gran parte de su vida a surfear por Internet entrando en todas las bases de datos que encuentran en su camino, y para quienes el gran desafío es poder acceder a todo ordenador que esté protegido, ya sea de la Biblioteca Nacional, de la farmacia de la esquina o del Pentágono. Chicos y chicas de todo el mundo dedicando horas y trabajo mental a descubrir códigos secretos, claves de acceso y sistemas de encriptamiento de información para acceder a los datos y curiosear, o incluso infectar con virus, esas centrales a las que han accedido.

Era mucho más que una travesura adolescente.

«Internet es libre y cualquier freno que nos pongan es una restricción a nuestra libertad de navegar. Derrumbaremos esas barreras y dañaremos lo que hay detrás de ellas como protesta por querer ponerle límites a nuestra libertad. Ellos, los encriptadores, se vuelven cada vez más creativos... Nosotros, también.»

«Anarquistas cibernéticos», había dicho Roberto a un cliente unos días atrás.

Si bien él era bastante más parecido a un anarquista que a un *hacker*, en aquel momento se sintió representado por ellos.

Desplazó el puntero sobre la C de Carlos y pulsó dos veces el botón izquierdo del *mouse*.

Esta es, pues, la nueva propuesta: empezar a pensar la pareja desde otro lugar, desde el lugar de lo posible y no de lo ideal.

Por eso vamos a intentar ver los conflictos no sólo como un camino para superar mis barreras y poder acercarme así al otro, sino también como un camino para encontrarme con mi compañero y, por supuesto, a partir de lo dicho, como un camino para producir el transformador encuentro conmigo mismo.

Estar en pareja ayuda a nuestro crecimiento personal, a ser mejores personas, a conocernos más.

La relación suma.

Por eso vale la pena.

Vale... la PENA (es decir, vale penar por ella).

Vale el sufrimiento que genera.

Vale el dolor con el que tendremos que enfrentarnos.

Y todo eso es valioso porque cuando lo atravesamos ya no somos los mismos: hemos crecido, somos más conscientes, nos sentimos más plenos.

La pareja no nos salva de nada: no debería salvarnos de nada.

Muchas personas buscan pareja como medio para resolver

sus problemas. Creen que una relación íntima los va a curar de sus angustias, de su aburrimiento, de su falta de sentido.

Esperan que una pareja llene sus huecos.

¡Qué terrible error!

Cuando elijo a alguien como pareja con estas expectativas, termino inevitablemente odiando a la persona que no me da lo que yo esperaba.

¿Y después? Después quizá busque a otra, y a otra, y a otra... O tal vez decida pasarme la vida quejándome de mi suerte.

La propuesta es resolver mi propia vida sin esperar que nadie lo haga por mí.

La propuesta es, también, no intentar resolverle la vida al otro, sino encontrar a alguien para poder hacer un proyecto juntos, para pasarlo bien, para crecer, para divertirnos, pero no para que me resuelva la vida.

Pensar que el amor nos salvará, que resolverá todos nuestros problemas y nos proporcionará un continuo estado de dicha o seguridad, sólo nos mantiene atascados en fantasías e ilusiones y debilita el auténtico poder del amor, que es el poder de transformarnos.

Y nada es más esclarecedor que estar con otro desde ese lugar. Nada es más extraordinario que sentir la propia transformación al lado de la persona amada.

En vez de buscar refugio en una relación, podríamos aceptar su poder de despertarnos en aquellas zonas en que estamos dormidos y donde evitamos el contacto desnudo y directo con la vida: la virtud de ponernos en movimiento hacia delante, mostrándonos con claridad en qué aspecto debemos crecer.

Para que nuestras relaciones prosperen, es menester que las veamos de otra manera: como una serie de oportunidades para ampliar nuestra conciencia, descubrir una verdad más profunda y volvernos humanos en un sentido más pleno.

Y cuando me convierto en un ser completo, que no necesita a otro para sobrevivir, seguramente voy a encontrar a alguien completo con quien compartir lo que tengo y lo que él tiene.

Ese es, de hecho, el sentido de la pareja: no la salvación, sino el encuentro. O, mejor dicho, los encuentros.

Yo contigo.

Tú conmigo.

Yo conmigo.

Tú contigo.

Nosotros, con el mundo.

Roberto sintió otra vez que le desbordaba la sorpresa. Ideas e imágenes de su vida reciente y pasada se agolpaban en su mente. La cabeza le estallaba. Laura escribía como si le hablara a él.

«Un camino para producir el transformador encuentro conmigo mismo.»

«La relación suma. Vale... la PENA.»

«El sentido de la pareja: no la salvación, sino el encuentro.»

Laura decía exactamente lo que él necesitaba escuchar, como si realmente lo conociera. De hecho, el *mail* parecía escrito por su terapeuta de hacía años para despertarlo del infinito letargo de su ignorancia sobre el significado de estar en pareja.

A lo mejor Laura ni siquiera era psicóloga. Quizás ni siquiera se llamaba Laura. A lo mejor no tenía ni idea de lo que decía y en realidad sólo transcribía párrafos de algún famoso libro o de una revista barata. Poco importaba. Lo cierto es que la claridad y la pertinencia del texto con relación a su vida actual volvieron a conmoverlo.

Pensaba en el encuentro de aquella noche con Cristina.

¿Cómo transmitirle en palabras...? Algo se había acomodado en él de un modo diferente, algo se había movido de lugar. De eso estaba seguro.

Pero, ¿acaso la carta de un desconocido puede ser tan reveladora? Él mismo no tenía respuesta a su pregunta. Sin embargo, intuía que algo misterioso y trascendente estaba ocurriendo.

Y de pronto se dio cuenta.

¡Sincronía!

Esa era la palabra que había estado buscando despierto y dormido. Eso era lo que había logrado conmoverlo: la sincronización de los hechos.

Recordaba ahora claramente haber leído sobre esa idea de los junguianos, la idea de que las cosas confluyen sincrónicamente en la vida para traer el mensaje necesario, el aprendizaje preciso, los recursos indispensables.

Y se acordó también de aquella frase mítica:

> «Sólo cuando el alumno está preparado
> aparece el maestro.»

El maestro había aparecido. Sus mensajes llegaban electrónicamente, y él no podía renunciar a su palabra. O mejor dicho: no quería.

Decididamente, no enviaría aquel mensaje a Laura.

«Sincronía», se dijo mientras copiaba el *mail* en su procesador de texto a continuación del anterior y ordenaba a su PC que imprimiera los dos juntos.

Mientras miraba la hoja de papel que la máquina escupía obedeciendo su orden, una emoción diferente lo poseyó. Con el puño cerrado, dio dos o tres golpes breves sobre la mesa al acordarse de los mensajes anteriores que había borrado sin ni siquiera leerlos.

Abrió rápidamente la papelera de reciclaje buscando los elementos eliminados, pero no encontró nada...

«Sincronía», se repitió, quizás para consolarse.

Capítulo 2

Aparcó el coche delante del edificio de apartamentos donde vivía Cristina. Estaba inusualmente alegre. Sentía que había llegado hasta allí sin historia.

Planeaba un nuevo encuentro, una nueva propuesta: una pareja estructurada en función del crecimiento mutuo.

Sonaba maravilloso.

Se miró en el espejo retrovisor y ensayó su mejor sonrisa. Después bajó del coche y, al llegar al portero automático llamó al 4º A.

—¿Sí? —atendió Cristina.

—Soy yo —dijo Roberto.

—Bajo —dijo ella.

Roberto se apoyó sobre el marco de la puerta y desenfocó la mirada hacia la calle. Los coches pasaban. Algunos aceleraban adelantándose a los que, por el contrario, se desplazaban a paso de hombre. Unos y otros se detenían en el semáforo de la esquina.

Se le ocurrió pensar que así era su vida: muchísimos hechos pasando desenfocados, algunos increíblemente rápidos, otros demasiado lentos, pero todos pasando y pasando en incansable caravana.

«Qué tonto sería que un hecho se quedara detenido a mitad del camino, interrumpiendo el paso de los que siguen

—pensó—. Y, sin embargo, a veces mi vida se parece mucho a un gran estancamiento...»

Cristina tardaba demasiado.

«Lo hace a propósito —pensó—. Se está haciendo la interesante.»

Empezó a irritarse.

«La madre que la parió, yo vengo de buen rollo y ella...»

Se interrumpió.

«¿Qué me pasa a mí? —recordó—. ¿Por qué me irrita tanto estar esperándola? ¿Por qué me irrita tanto esperar? También me molesta esperar al cliente que no llama, o la respuesta a un mensaje, o que me atiendan en un bar, o que se encienda el ordenador... Me molesta esperar —y siguió—. ¿Qué me pasa para que me moleste esperar?»

Siempre le había fastidiado la sensación de estar perdiendo el tiempo.

Recordó al mercader del Principito, que vendía pastillas para no tener que perder el tiempo tomando agua. Uno podía ahorrar hasta veinte minutos en una semana, según promocionaba el mercader. Y el Principito había pensado: «Si yo tuviera veinte minutos libres, los usaría para caminar lentamente hacia una fuente».

«Perdiendo el tiempo... —se dijo—. ¿Cómo se puede perder lo que no se posee? ¿Cómo se puede conservar lo que no es posible retener? Si pudiera elegir... ¿Qué querría hacer si dispusiera de veinte minutos de más?»

Sonrió.

«Sería muy buena inversión usarlos en esperar el encuentro con la persona amada.»

Acomodó su espalda contra la pared y siguió mirando la calle. Vio los coches que circulaban más espaciados: uno gris, otro azul y otro blanco, una camioneta marrón, una moto, un coche enormemente negro, y luego, durante unos instantes, nada.

De pronto, la calle estaba vacía de coches.

De pronto, su mente estaba vacía de pensamientos.

Se sintió sereno, y su sonrisa se extendió a cada músculo de su cara.

Cristina tardó todavía unos minutos más: Quince... Veinte... Quién sabe.

Roberto no registraba el paso del tiempo. Todo su universo estaba conformado por él, la calle y el descubrimiento del vacío.

La voz de Cristina le interrumpió.

—Aquí estoy.

—Hola —contestó Roberto intentando volver al mundo de lo tangible.

—Como siempre llegas tarde —se justificó ella—, me puse a hacer otras cosas y, entonces, como has llegado temprano, no estaba lista.

Roberto ya sabía cómo seguía aquella discusión.

—Yo no he llegado temprano —habría dicho él—. He llegado a la hora.

—En ti, querido —habría dicho ella—, llegar a la hora es llegar temprano.

—¿Encima que te he tenido que esperar más de media hora me quieres echar la culpa a mí? —habría contestado él.

Cristina, fastidiada por quedar al descubierto, seguramente habría optado por el contraataque.

—Mira, Roberto —siempre lo llamaba por su nombre cuando se enfadaba—. Con todas las veces que te he esperado yo, puedes esperar una vez y callar esa boquita.

Y todo habría seguido como siempre.

—Yo no he dicho nada, has empezado tú cuando has querido acusarme de que tu tardanza se debía a que yo llego tarde.

—Sí, has empezado tú con ese «hola» de mierda con el que me has recibido.

Y *ese habría sido el principio del fin. Cristina habría continuado.*

—Si me has invitado a salir para esto, sería mejor que te hubieras quedado en tu casa.

Y *Roberto habría cerrado la discusión.*

—*Tienes razón. ¡Adiós!*

Ella habría subido murmurando algunas palabrotas y él habría dejado el coche allí aparcado para caminar algunas manzanas hasta que se le pasara el malhumor o hasta atreverse —se diría a sí mismo— a terminar con aquella relación, echándole la culpa a ella de su infelicidad y sabiendo que Cristina lo responsabilizaría de todo a él.

Pero esta vez no. Esta vez era diferente. Estaba dispuesto a explorar hasta el final lo que había aprendido.

«Ella se está defendiendo, se está justificando, agresiva, como protegiéndose de mi enfado», pensó. «Pero, ¿qué me pasa a mí? ¿Estoy enfadado? Absolutamente no», se contestó.

Quizás su «hola» había sonado a reproche, o a lo mejor Cristina había bajado esperando el reproche e interpretó como tal cualquier cosa que él pudiera decir. En todo caso, valía la pena aclararlo.

—Tranquila, Cristina —dijo—. Está todo bien.

—No seas sarcástico —acusó ella.

—No lo estoy siendo —añadió Roberto—. La verdad es que he estado pensando en algunas cosas y ni siquiera me he dado cuenta de tu tardanza.

—Te odio cuando adoptas ese aire de superioridad —insistió Cristina buscando la pelea perdida—. Además, no creo una palabra de lo que dices. ¿Así que yo he tardado cuarenta y cinco minutos y tú ni siquiera lo has notado? ¡Ja!

«Asombroso», pensó Roberto. Y sonrió otra vez al recordar la sensación de la calle vacía dentro de él.

—Lamento que no me creas, Cristina —empezó a explicar—, pero la verdad es que no estoy enfadado. En todo caso, si tengo que decirte cómo estoy respecto a ti y a tu tardanza, la palabra sería agradecido.

—¿Agradecido? —preguntó Cristina—. ¿Agradecido?

—Agradecido.

Roberto se acercó y le dio un beso en la mejilla. Después, la miró largamente mientras la sostenía con suavidad por los brazos.

—Valía la pena la tardanza —dijo Roberto—. Estás preciosa.

Se abrazaron con ternura. Después, él la tomó del hombro guiándola hacia el coche.

No se durmieron hasta las cinco de la mañana. La charla con Cristina fue muy interesante y trascendente. Leyeron juntos los dos *e-mails* de Laura y pasaron por alto las previsiblemente largas explicaciones sobre el origen de los textos.

Cristina se mostró bastante escéptica respecto del contenido. Estaba de acuerdo con muchas cosas, pero tenía —dijo— algunos desacuerdos.

Hablaron mucho sobre esos desacuerdos. Roberto se dio cuenta de que estaba siendo inusualmente respetuoso hacia las posturas de ella. Por un lado, Cristina decía que el planteamiento le parecía un consuelo para tontos.

—Esto de aliviarse porque lo que yo no tengo no lo tiene nadie me parece estúpido... Además —dijo— me parece demasiado «psicologismo» pensar solamente en lo de uno mismo. ¿Y si el otro realmente está equivocado? ¿Y si el otro está objetivamente actuando mal, inadecuadamente o de forma dañina y agresiva?

Por otro lado, ella sostenía que la propuesta partía de una idea conformista. Repitió dos o tres veces la frase «hagamos lo posible» acentuando su crítica en «lo posible».

—¿Quién sabe qué es «lo posible»? ¿Por qué debería dejar de buscar a mi compañero ideal para tener con él una relación maravillosa? —concluyó.

Algunos comentarios de ella hicieron que Roberto se diera cuenta de sus propias contradicciones.

Él siempre había criticado a los que se conformaban sin luchar y, de alguna manera, el planteamiento, escuchado de boca de Cristina, se parecía a «resignarse a la mediocridad».

«Tiene razón», pensó Roberto. Y a diferencia de otras veces, se lo dijo.

—Tienes razón, no lo había pensado.

Esa frase fue la llave que abrió la puerta interior en Cristina. A partir de allí la conversación se volvió más jugosa y más esclarecedora.

Estuvieron de acuerdo en que ni el amor ni la pareja deben dañarse para salvar al otro. Acordaron que en su propia relación intentarían poner más el acento en mirar qué le pasaba a cada uno en todo momento.

—Es verdad —dijo Cristina—. Por ejemplo, anoche, cuando bajé, pensaba que te encontraría enfadado. Y en lugar de ver lo que me pasaba a mí, actué como si realmente me estuvieras reprochando la tardanza. Ahora puedo ver que en realidad era yo la que estaba enfadada cuando te vi.

—Bueno —dijo Roberto—. Eso ya pasó.

—Ha valido la pena —dijo Cristina.

—Ha valido LA PENA —remarcó Roberto.

Aquella noche hicieron el amor gloriosamente. Y a pesar de que Roberto sentía que nunca había estado tan en contacto con su propio placer, con sus propias sensaciones y ocupado en su propio orgasmo, le pareció que Cristina también había disfrutado del sexo más que otras veces.

Confirmó aquella sensación cuando apagó su lámpara y vio cómo Cristina se incorporaba en la cama, lo miraba con una sonrisa y le decía aquella frase que en el folklore lúdico interno de esta pareja era señal de máxima aprobación.

—Muy bien, Gómez... Muy bien.

Roberto le devolvió la sonrisa y le guiñó un ojo. Ella lo miró una vez más y se dio la vuelta. Apagó la luz, se acurrucó en la cama cerca del cuerpo de él y cerró los ojos.

Unos segundos después susurraba, medio dormida, como hablándose a sí misma.

—... Muy bien.

Alrededor de las dos de la tarde, en cuanto se despertó, Roberto tanteó la cama buscándola. Pero no la encontró.

Si bien Cristina le había avisado que al mediodía iría a una barbacoa en casa de Adriana, Roberto se había dormido seguro de que ella dejaría plantada a su amiga, como tantas otras veces, y se quedaría con él.

Se levantó bufando y con el mismo humor calentó el café que había sobrado la noche anterior. Removió el renegrido líquido y hundió en el remolino del centro su sensación de conquista del paraíso.

Ella se había ido. Ella prefería aquella estúpida barbacoa a un maravilloso reencuentro.

—¡Mierda! —masculló.

Tomó el café sin atreverse a sentir el sabor. ¿Qué diría Laura de todo esto?

Encendió el ordenador, buscó entre los mensajes recibidos y... Ahí estaba.

Entonces, ¿para qué estar en pareja?
Usamos nuestros ojos para vernos y reconocernos.

Podemos mirarnos las manos, los pies y el ombligo... Sin embargo, hay partes de nosotros que nunca nos hemos visto directamente, como nuestro rostro, tan importante e identificatorio que cuesta creer que nunca lo podremos percibir con nuestros propios ojos...

Para conocer visualmente estas partes ocultas a nuestra mirada necesitamos un espejo.

Del mismo modo, en nuestra personalidad, en nuestra manera de ser en el mundo, hay aspectos ocultos a nuestra percepción. Para verlos necesitamos también un espejo... Y el único espejo donde podemos llegar a vernos es en el otro. La mirada de otro me muestra lo que mis ojos no pueden ver.

Así como sucede en la realidad física, la precisión de lo reflejado depende de la calidad del espejo y de la distancia desde donde me mire. Cuanto más preciso sea el espejo, más detallada y fiel será la imagen. Cuanto más cerca esté para mirar mi imagen reflejada, más clara será mi percepción de mí mismo.

El mejor, el más preciso y cruel de los espejos, es la relación de pareja: es el único vínculo en el que pueden reflejarse de cerca mis peores y mis mejores aspectos.

Los miembros de las parejas que nos consultan pierden mucho tiempo tratando de convencer al otro de que hace las cosas mal. La idea es que aprendan a pactar en lugar de transformarse en jueces o en querer cambiar al otro.

Si te muestro permanentemente tus errores, si vivo para mostrarte cómo deberías haber actuado, si me ocupo de señalarte la forma en que se hacen las cosas, quizás consiga (quizás) que te sientas como una idiota o, peor, que te vayas de mi lado o, peor aún, que te quedes para aborrecerme.

Quiero que me escuches con escucha verdadera, con la oreja que le ponemos al interés, al deseo, al amor.

Si en verdad quiero ser escuchado, entonces debo aprender a hablarte de mí, de lo que yo necesito y, en todo caso, de lo que a mí me pasa con las actitudes que tú tienes. Esta sola modificación hará probablemente que te resulte mucho más fácil escucharme.

Gran parte del trabajo en la terapia de pareja consiste en ayudar a cada uno a estar siempre conectado con lo que le está pasando y que no se entretenga hablando del otro. Es decir, utilizar los conflictos para ver qué me pasa a mí y para hablar de ello. La idea de esta terapia es ayudar a dos personas que se han ido cerrando para que puedan abrirse. Generalmente, llegan llenos de resentimientos, de cosas no expresadas, y la tarea del terapeuta es ayudarlos a soltarse, a manifestar lo que tienen miedo a decir, a mostrar su dolor.

¿Cómo ayudar a que dos personas vuelvan a abrirse, a mostrarse, a confiar? Básicamente generando un clima de apertura en el consultorio, ayudándolos a aflojarse, a mostrar sus necesidades.

Uno de los objetivos de la terapia es que se produzca el encuentro. Es verdad que un encuentro no puede forzarse: se da o no se da. Pero hay actitudes específicas que ayudan. Lo que hacemos los terapeutas es observar qué hace cada uno de los integrantes de la pareja para evitar el encuentro, con la idea de mostrarles cómo lo impide cada uno.

La manera de no impedir el encuentro es estar presente, en contacto con lo que me va pasando. Lo mismo en cuanto a mi pareja: ver qué necesita, cuál es su dolor.

Veo otra vez cómo los conflictos son una oportunidad para descubrirme, conocerme, estar en contacto con lo que me pasa y aprender de ellos.

Las parejas consultan porque están haciendo lo opuesto.

Cada vez que el vínculo entra en conflicto, cada uno empieza a interpretar al otro, a decirle lo que tiene que hacer, a responsabilizarlo de lo indeseable.

Como norma, la mayoría de las veces este esfuerzo culpabilizador no sirve para nada, y las demás veces... termina por arruinarlo todo.

La propuesta que hacemos no es novedosa, pero sí fundamental:

Recuperar la responsabilidad de la propia vida.

En la práctica, esto significa que el que trae la queja de la situación sea capaz de contestarse a la pregunta: «¿Qué hago yo para que la situación se dé como se está dando?» Esto NO quiere decir que se convierta en el único responsable de la situación, sino que le ayuda a revisar sus actitudes. ¿Qué otra cosa podría hacer para generar algo que resultara mejor?

Aquel de los dos que se quede «enganchado» en que el otro es el culpable y se sienta víctima de las circunstancias, no evolucionará, se quedará estancado y frenará la evolución de la pareja.

Es responsabilidad de los terapeutas ayudar a los miembros de una pareja a dejar de jugar al juego de «pobrecito yo» para revisar qué otras posibilidades tienen, para encontrar una salida creativa a la situación. Los terapeutas deben ayudarles a usar el conflicto para ver qué pueden desarrollar por sí mismos, descubrir cuáles son los puntos ciegos en los que se pierden y en qué obstáculos se quedan estancados.

Según nuestra experiencia, esta mirada es la única que los puede llevar a pensar en sus posibilidades, a volverse potentes en el sentido de desarrollar potencialidades, a sentirse más creativos y, por ende, más libres.

Este es el camino en el que creemos y el que intentamos transmitir: no esperar ni desear una vida donde no haya conflictos, sino verlos como una oportunidad para desarrollarse; aprender a aprovechar cada dificultad que encontramos en el camino para ahondarla más, para conectarnos con más profundidad, no sólo con nuestra pareja sino también con nuestra propia condición de estar vivos.

Fritz Perls solía decir que el ochenta por ciento de toda nuestra percepción del mundo es pura proyección... Y cuentan que después de decirlo miraba a los ojos de su interlocutor y añadía: «... y la mayor parte del veinte por ciento restante, también».

Cuando las personas expresan sus quejas sobre lo que les ocurre, hay que investigar qué es «lo propio» en la persona que se está quejando.

Si a él, por ejemplo, le molesta el egoísmo de su compañera, puede ser porque se pelea con su propia parte egoísta, porque no se atreve a reconocerla o porque no se da el permiso de privilegiarse.

Su camino, en todo caso, pasará por revisar qué le pasa con su egoísmo y trabajar sobre eso, dejando que el otro sea como quiera (o como pueda).

Tomemos otro tema crucial para las parejas: el reparto de tareas. Si lo que ella necesita es que él se ocupe de determinadas tareas de la casa, lo que puede hacer es negociar con él para ver qué hace cada uno y llegar a un acuerdo. Por el contrario, si en lugar de eso ella gasta su tiempo en demostrarle que es egoísta, y lo compara con su madre («que es igual que tú»), no llegará a ninguna parte (de hecho no hay nada peor que mencionar a las madres en las peleas).

Una frase apropiada sería: «Tú puedes ser como quieras, pero de todas maneras pactemos y convengamos quién va al supermercado».

Abrir el sentido de la comunicación es un camino mucho más efectivo y sensato que tratar de demostrar lo egoísta o lo generoso que cada uno puede ser.

Como terapeutas nos gusta proponer el siguiente pequeño juego.

Pedimos al paciente en sesión que deje fluir las acusaciones que guarda contra la persona que está sentada delante de él, que deje que se transformen en insultos: «tonto», «avaro», «agresivo» o lo que sea. Lo alentamos a que se atreva a decir lo que piensa, a que grite, a que apunte su dedo índice acusadoramente hacia su compañero y deje salir los insultos guardados. Después de unos segundos, le pedimos que se quede inmóvil en esa posición. Entonces dirigimos su atención hacia su mano y le mostramos un hecho simbólico, muchas veces revelador: mientras señala con un dedo al acusado, tres dedos señalan en dirección a sí mismo... El dedo medio, el anular y el meñique le están diciendo que quizás él mismo sea tres veces más avaro, tres veces más tonto y tres veces más agresivo que aquel a quien acusa.

Cuando algo me molesta del otro, casi siempre significa que en realidad me molesta de mí. Si yo no estoy en conflicto con ese aspecto, no me molesta que el otro lo tenga. De manera que mi pregunta siempre es: «¿Por qué me irrita esto del otro? ¿Qué tiene que ver conmigo?».

Aprovechar los conflictos para el crecimiento personal: de eso se trata. En lugar de utilizar mi energía para cambiar al otro, utilizarla para observar qué hay de mí en eso que me molesta.

—¡Mi egoísmo! —gritó Roberto a la pantalla.

Y apagó el ordenador.

Capítulo 3

Perritos calientes. Eso era lo único que había podido preparar con lo que le quedaba en la nevera. Seguramente Cristina estaba disfrutando de una buena barbacoa, divirtiéndose con sus amigas y ni siquiera pensaba en él. ¿Y él era el egoísta? Ella lo estaba pasando de maravilla mientras él tenía que dejar el envase de mostaza diez minutos boca abajo para que salieran unas míseras gotas con las que condimentar las salchichas. Y encima tenía que aguantar que Laura le dijera que el egoísta era él.

Dio un buen mordisco al último perrito caliente.

—Ni me conoce... —dijo en voz alta y con la boca llena.

¿Qué sabía ella? ¡Como si alguien pudiera decir algo que le sirviera a todo el mundo!

Pero se había acabado. No iba a volver a leer aquellos mensajes. Tampoco iba a escribir el mensaje avisando que la dirección estaba mal, y si los *e-mails* no llegaban nunca al tal Fredy, mejor. Porque de todos modos no servían para nada.

¿De qué servía olvidarse de tener una relación ideal? ¿De qué servía no enojarse con el otro? ¿De qué servía fijarse en qué le molesta a uno? ¿De qué servía crecer, si al final igualmente se iba?

Al final ella se iba y lo dejaba solo.

Roberto se levantó de la mesa y se dirigió a la cocina para lavar las pocas cosas que había usado. Mientras sentía en las manos el agua caliente no podía dejar de pensar que en otra época Cristina se hubiera quedado. Tal vez ya no lo quería. Es decir, ya no lo quería como antes, ya no lo elegía por encima de las demás cosas. Quizás él tampoco la quería como al principio.

Cerró el grifo y se secó lentamente las manos con el paño de cocina, como si la minuciosidad del gesto fuese el correlato de su preocupación. Con paso incierto fue hasta su cuarto y se echó en la cama.

Al cabo de unos segundos se levantó y se encerró en el baño. Unos minutos más tarde, y sin resultados, volvió para acostarse, pero antes de que su cabeza tocara la almohada se incorporó otra vez.

Fue a la cocina, abrió la nevera y se quedó contemplando los envases buscando algo que lo tentara... Nada lo convencía, así que cerró la puerta verificando que los burletes no quedaran separados.

Luego salió al balcón. Pasaron algunos coches. Entró.

Una vez en su cuarto se quedó un momento en la puerta como si vacilara. Después se sentó frente al ordenador.

Jugó al buscaminas. No lograba concentrarse. Una y otra vez acababa haciendo explotar las pequeñas bombas.

Cerró el juego y se quedó mirando los iconos en su pantalla: un ordenador, una hoja de papel con un lápiz encima, un mazo de cartas, un globo terráqueo, una lupa, un pequeño teléfono amarillo... La conexión con Internet.

Miró a su alrededor como corroborando que nadie le observaba... Estaba a punto de hacer todo lo contrario de lo que se había prometido.

Entró en su correo electrónico. Ya sin sorpresa, encontró el *mail* de Laura.

Tal vez nadie podía decir algo que sirviera para todos —se dijo a sí mismo—, pero quizás sí habría algo en este nuevo mensaje. Algo, aunque sólo fuera una frase, que le sirviera para aclarar lo que le ocurría con Cristina, si la amaba o no, por qué se enfadaba con ella y por qué empezaba a preguntarse cómo sería Laura, cuántos años tendría, qué relación tendría con Fredy.

Querido Fredy,

¿Cómo ha ido tu viaje? Tengo muchas ganas de saber de ti.

He estado pensando muchas cosas en estas semanas, pero no sabía cómo expresarlas. Y recordaba aquello que escribiste para el congreso de Cleveland. ¿Te acuerdas?

Amar y enamorarse

Quizás la expectativa de felicidad instantánea que solemos atribuirle al vínculo de pareja, ese deseo de exultación, se deba a un estiramiento ilusorio del instante del enamoramiento.

En efecto, en un primer momento el encuentro es pasional, desbordante, incontenible, irracional. Las emociones nos invaden, se apoderan de nosotros y durante un tiempo casi no podemos pensar en otra cosa que no sea la persona de quien estamos enamorados y la alegría de que esto nos esté ocurriendo.

Estar enamorados nos conecta con la alegría que sentimos al saber que el otro existe. Nos conecta con la poco común sensación de plenitud.

Este estado no se sostiene mucho tiempo, pero queda inscrito como un recuerdo que sustenta la relación y que es posible recrear de vez en cuando.

Pasados algunos meses, la realidad nos invade y todo termina, o empieza la construcción de un camino juntos.

Cuando uno se enamora, en realidad no ve al otro en su totalidad, sino que el otro funciona como una pantalla donde el enamorado proyecta sus aspectos idealizados.

Los sentimientos, a diferencia de las pasiones, son más duraderos y están anclados en la percepción de la realidad externa. La construcción del amor empieza cuando puedo ver al que tengo delante, cuando descubro al otro. Es allí cuando el amor reemplaza al enamoramiento.

Pasado ese momento inicial comienzan a salir a la luz mis peores aspectos que también proyecto en él. Amar a alguien es el desafío de deshacer aquellas proyecciones para relacionarme verdaderamente con el otro. Este proceso no es fácil, pero es una de las cosas más hermosas que ocurren o que ayudamos a que ocurran.

Hablamos del amor en el sentido de que «nos importe el bienestar del otro». Nada más y nada menos. El amor como bienestar que invade cuerpo y alma y que se afianza cuando puedo ver al otro sin querer cambiarlo.

Más importante que la manera de ser del otro, importa el bienestar que siento a su lado y su bienestar a mi lado, el placer de estar con alguien que se ocupa de que uno esté bien, que percibe lo que necesito y disfruta al dármelo: eso hace el amor.

Una pareja es más que una decisión, es algo que ocurre cuando nos sentimos unidos a otro de una manera diferente. Podría decir que desde el placer de estar con otro tomamos la decisión de compartir gran parte de nuestra vida con esa persona y descubrimos el gusto de estar juntos. Aunque es necesario saber que encontrar un compañero de ruta no es suficiente: también hace falta que esa persona sea capaz de nutrirnos, como ya dijimos. Que, de hecho, sea una eficaz ayuda en nuestro crecimiento personal.

El amor se construye entre dos, sobre la base de una química que hace que nos sintamos diferentes, quizás por la sensación mágica de ser totalmente aceptados por alguien.

Estar enamorado y amar.

Qué difícil hablar de esto.

El otro día, coordinando un grupo, les contaba lo que habíamos conversado nosotros sobre la idea de amar en términos de «que el otro me importe», y sobre la sensación física de estar con alguien que amo. Después, le pedí a cada uno que dijera qué pensaba que era el amor.

Una de las respuestas que más me gustó fue la de un muchacho de veinticinco años que dijo: «Cuando amamos, vemos más allá de lo que se ve. En el amor los cánones estéticos pierden valor».

Welwood dice que el verdadero amor existe cuando amamos por lo que sabemos que esa persona puede llegar a ser, no sólo por lo que es. Creo que estar enamorado y amar son estados que van y vienen en una relación. En el inicio, por lo general, hay un período de pasión en el que se mezcla mucho lo que yo imagino, lo que proyecto en esa persona. Entonces, coloco a mi hombre o mi mujer ideal en ese ser humano que tengo enfrente.

El enamoramiento es una relación conmigo mismo, aunque elija a determinada persona para proyectar lo que siento. Y entonces podríamos preguntarnos: ¿Por qué elijo a esa persona? ¿Qué pasa cuando, después de un tiempo, el otro se empieza a mostrar como es y eso no coincide con mi ideal?

Ahí comienzan los conflictos. Él no es como yo había creído. La disyuntiva que aquí se plantea es ver si puedo amar a este que veo o si me quedo pegada a mi hombre ideal.

El amor puede empezar con la resolución de este dilema, cuando lo veo y me doy cuenta de que lo amo tal como es. Incluso puedo llegar a amar las cosas de él que no me gustan, porque son de él y lo acepto como es.

Creo que las relaciones pasan por momentos de enamoramiento, momentos de amor, momentos de odio... En realidad, amor y odio están muy cerca. Nunca odiamos tanto a alguien como aquel a quien amamos. Como me dijo mi hijo el otro día en medio de un ataque de furia: «Te amodio» (quiso decir «te odio», pero se le escapó el amor).

Es saludable aceptar que esto es así. Vamos navegando en la relación, que verdaderamente se sostiene si nos mostramos, si somos conscientes de qué nos pasa, si no lo negamos o hacemos como que no pasa nada.

Conciencia es la gran palabra. Seamos conscientes de lo que nos está pasando, entreguémonos a ello. Así se cuida y se construye el vínculo.

El recurso es siempre el mismo: conciencia, centrarnos. Sólo si estoy dentro de mí puedo manejar situaciones difíciles.

Mucha gente vive arrancada de sí misma, conectada sólo con lo que piensa y sin idea de lo que realmente siente. Así es muy difícil entregarse al amor. Para amar es imprescindible atreverse a mirar hacia dentro.

Así, sin necesidad de que haya conflicto, puedo mirarme, estar conectada y ser yo misma.

Si no me muestro, nadie puede amarme.

En todo caso amarán mi disfraz, como tú dices, y eso no me sirve.

Encontré un libro de Mauricio Abadi que habla del enamoramiento. Cito tres pasajes que me interesaron.

El enamoramiento es más bien una relación en la cual la otra persona no es en realidad reconocida como verdaderamente otra, sino más bien sentida e interpretada como si fuera un doble de uno mismo, dotada de rasgos que corresponden a la imagen idealizada de lo que uno quisiera ser. En el enamoramiento hay un «yo me amo al verme reflejado en ti».

Enamorarme es decirte cuánto simpatizo contigo por sostener tan graciosamente el espejo en el que me contemplo para darme cuenta de mi amor por mí.

Pero ocurre que, a medida que el tiempo transcurre y la relación va pasando por diferentes vicisitudes, el supuesto espejo va dejando de ser un espejo y parece optar por un deseo natural de recuperar su propia identidad. Al principio, era tal el deseo de sentirse amado y admirado, que a él casi no le importaba demasiado que lo tomaran por otro, puesto que de eso se trata. Tenemos tal necesidad de amor que durante algún tiempo lo disfrutamos, también, tramposamente.

Y es verdad que es una trampa, como Abadi dice, porque en realidad esa pasión enamorada no es para ti, sino para ese aspecto proyectado del otro.

Quizás deberías rechazar el halago de la carta donde te confiesan su amor incondicional y ciego, y saber leer en el sobre el nombre del destinatario que no es el tuyo. Pero, ¿quién podría hacer una cosa así?

De todos modos, hagamos lo que hagamos, en unos instantes o en pocas semanas (de cinco minutos a tres meses, como tú dices), el otro nos irá mostrando su realidad que no podrá ocultar, y empezará a ver nuestro verdadero yo que no podremos esconder para siempre, por halagador que nos resulte su enamoramiento y por hermoso que sea sentirnos enamorados.

Es como despertar de un sueño. Aparecerá poco a poco una

persona asombrosamente diferente de aquella con la que creíamos habernos unido. Es gracioso escuchar a los que abandonan su estado pasional y creen que el otro ha cambiado, que ya no es el mismo, cuando en realidad sólo han cambiado los ojos con los que miran.

Uno descubre las diferencias y éstas desembocan en confrontación.

Cuando él se te parecía tanto, era muy difícil discutir, pero también era complicado reconocer su verdadera existencia.

Tan sólo ahora uno puede descubrirse acompañado. Hay que buscar las diferencias e intentar unirse a través de ellas. No como antes, que nos unían sólo las semejanzas.

Adoro esa frase que te oí decir una vez en un reportaje:

**Enamorarse es amar las coincidencias,
y amar, enamorarse de las diferencias.**

El enamoramiento no es un sentimiento compartido porque no existe aún el sujeto con quien compartir.

El enamoramiento es una locura gratuita y casi inevitable, técnicamente un cuadro de confusión delirante con exaltación maníaca.

El amor, en cambio, es un producto cuerdo y costoso. Es más duradero y menos turbulento, pero hay que trabajar duro para sostenerlo.

Releo esta carta y siento que ya no estoy muy segura de estar de acuerdo con lo que yo misma he escrito, pero ya está dicho. Hazme saber tu opinión.

¿Tú qué estás haciendo, Fred? ¿Disfrutando del calor de España?

Te mando un beso.

Laura

Cuando Roberto terminó de leer estaba sonriendo. Se sentía satisfecho con su actitud de obedecer a su intuición y abrir el *mail*. Eso era justamente lo que le estaba pasando: la relación con Cristina ya no era la misma, ya no estaban enamorados. Pero a él le gustaba estar enamorado.

Poco a poco, la sonrisa fue dando lugar a una mueca de profunda concentración. No sabía si quería ese cambio de intensidad por la profundidad de la que hablaba Laura, pues lo que él más disfrutaba era nada menos que esa intensidad, esa pasión, ese desborde. Pero lo cierto era que eso se había acabado, que habían comenzado a verse como realmente eran y no había nada que pudieran hacer para evitarlo.

¿Y ahora? Ahora todo terminaba...

De repente dudó. Laura sugería que todo termina y empieza la construcción de un camino juntos.

Se preguntó cuál de las dos posibilidades sería aplicable a su historia con Cristina: ¿El final o el comienzo de algo menos intenso pero más profundo?

Y después se corrigió...

«¿Cuál de las dos posibilidades quiero yo?»

Capítulo 4

Por supuesto, Cristina llamó el lunes como si nada hubiera pasado.

—¿Qué tal la barbacoa? —preguntó él mecánicamente.

—Bien —contestó ella, sorprendida por su frialdad—. ¿Qué te pasa?

—Estoy malhumorado —dijo Roberto con sinceridad.

—¿Tengo algo que ver? —preguntó ella en un intento, que pronto vería vano, de quedarse fuera.

—Por supuesto que tienes que ver... —Roberto hizo una pausa y luego continuó, mientras se preguntaba para qué estaba diciendo todo aquello—. ¡Últimamente tienes que ver con TODO lo malo que me pasa!

—Pero si ayer estuvimos tan bien...

—Tan bien... ¡Que te fuiste a esa jodida barbacoa!

—Pero Roberto, tú lo sabías...

—¿Y qué? Si yo sé que me vas a clavar un cuchillo, ¿entonces la herida no me duele?

—¿No estás exagerando un poco con la comparación?

—No.

—Voy para allá.

—No. No quiero.

—Voy igual —dijo ella colgando antes de escuchar la respuesta.

—No voy a estar —amenazó él al vacío.

Roberto se quedó un rato con el teléfono en la mano, pensando si debía irse antes de que llegara Cristina.

Debió estar muy indeciso, porque cuando sonó el timbre todavía no había colgado el auricular.

Abrió la puerta sin mirar quién era y se fue a la cocina a calentarse un café, cosa que hizo ignorando olímpicamente a Cristina. Ella lo esperó de pie en la sala.

—Podrías saludarme, ¿no? —le recriminó.

Roberto la miró con furia y ensayó su más falsa sonrisa. Una ampulosa reverencia completó la burla. Cristina se sentó en el sillón doble.

—No puedo entender qué te ha pasado —empezó diciendo.

Pero él no contestó. Se acercó a la ventana y miró displicente hacia la calle.

—No puedes montar todo este escándalo porque he ido a una barbacoa, ¿no te parece? —continuó genuinamente sorprendida.

—Puedo montar el escándalo que quiera.

—¿Me puedes decir qué es lo que tanto te molesta?

—Mira, si lo tengo que explicar, entonces no vale la pena.

—¿Qué pasó con lo que me enseñaste de «vale la pena»?

—¡Lo he olvidado!

—¡Estás imposible!

—¡Tú eres imposible!

Cristina tomó aire y decidió intentarlo por última vez.

—¿Podemos hablar?

Roberto aflojó el gesto y se sentó en el sillón.

—¿Qué es lo que te pasa? —insistió ella.

—Pasa que no entiendo nada. Era todo tan maravilloso, teníamos el mejor encuentro de nuestra vida y tú te tuviste que ir a esa barbacoa. No entiendo... ¿Tan importante era esa comida como para echar a perder todo lo que habíamos conquistado?

—Pero Rober... La barbacoa no me importaba en absoluto. Si tú me lo hubieras pedido, yo me habría quedado...

—¿Si yo te lo hubiese pedido?

—Sí, ¿por qué no?

—¿Tengo yo que pedirte ser más importante en tu vida que un estúpido almuerzo?

—¿Tengo yo que adivinar lo que tú necesitas para que te des cuenta de que eres importante para mí?

—No sé, no sé... Todo está podrido.

—No seas así, Roberto, no lo arruines todo por una gilipollez.

—Tú lo has arruinado, Cristina, no yo. Esta vez has sido tú, tú eres la que lo ha arruinado esta vez.

—Lo lamento. La verdad es que lo lamento mucho...

—Yo también... Yo también.

Pausadamente, ella se levantó, tomó su abrigo y la cartera del sofá y caminó hacia la puerta. Allí se quedó unos segundos de espaldas, como esperando la llamada de Roberto. Una llamada que nunca llegó. Salió del apartamento con los ojos húmedos y dejando tras de sí la puerta apenas entornada.

Estaba furioso pero no sabía muy bien por qué. Pensaba que podía haber contemporizado, que podía haberle arrancado una disculpa más o menos sincera, podía haber salvado la pareja, podía... Y había decidido no hacerlo.

¡Ella no se lo merecía!

¡Ella! Pero... ¿Y él? ¿Se merecía él salvar su pareja?

Cada vez estaba más enfadado. Apretaba los puños y los dientes con fuerza, hasta hacerse daño. ¿A quién estaba castigando?

Recordó, de pronto, el cuento de la tristeza y la furia.[1] La

1. Nota de la ed.: este cuento puede leerse en *Cuentos para pensar*, de Jorge Bucay, publicado por RBA Integral (Barcelona, 2002).

tristeza, que se disfraza de furia cuando no quiere quedar al desnudo. Para eso estaba allí su enojo: tapaba la tristeza, escondía el dolor, disimulaba su impotencia.

Sintió cómo sus ojos se llenaban de lágrimas, y luego, cómo desde allí alguna que otra rodaba por sus mejillas muy despacio.

Si no hubiera estado tan desbordado por la mezcla de emociones, habría podido recibir el mensaje que Laura le enviaba (sin saber que respondía a todo lo que le pasaba) y que lo esperaba ya en su ordenador.

Resumiendo, Fredy:

La primera afirmación de la propuesta es que los problemas de pareja son problemas personales que se expresan en la relación. Y estos problemas sólo emergen en el vínculo amoroso, dado que estando con otro salen a la luz aspectos de uno que estaban en la sombra.

Como terapeutas, la idea es tener esta mirada frente a los conflictos y, entonces, cuando una pareja viene a la consulta, volcarnos en ver cuál es el conflicto personal de cada uno de ellos que está interfiriendo en la relación. Ayudamos a que cada uno trabaje su problemática personal y mostramos cómo la neurosis de uno se engancha con la del otro.

La idea principal otra vez es: «Si te molesta esta situación, ¿qué cuestión personal se refleja en el conflicto?» El tema básico está plasmado en la frase de Hugh Prater: «Una piedra nunca te irrita a menos que esté en tu camino».

Nos bloqueamos con el famoso tema de la proyección. Pienso en aquello que tanto nos mostró Nana en sus laboratorios:

«Proyecto en el otro las partes de mí que más rechazo.»

«Cuando me doy cuenta de cómo me molesta esto en el otro, investigo cómo me molesta en mí mismo.»

«Si pienso que yo no tengo nada de eso que me molesta del otro, el trabajo es darme cuenta de qué pongo yo de lo que tengo, porque si no pusiera de lo mío no me molestaría.»

Esto es básico en Gestalt y es lo que dice Jung con el tema de la sombra. Proyecto mi sombra en mi compañero y, al verla en él, la descubro.

A partir de ahí tengo dos posibilidades: intentar destruir la temida amenaza destruyéndolo a él o aceptar la oportunidad de integrarme con mi sombra y terminar para siempre con su amenaza.

Sin duda, esto cambia sustancialmente la óptica y la comprensión de los problemas de pareja. Dejo de culpar al otro por lo que hace y empiezo a ver qué estoy poniendo yo en este particular conflicto. En vez de utilizar mi energía para cambiar al otro, la utilizo para observarme y, a partir de ahí, hablar de mí, de lo que yo necesito, de lo que a mí me pasa con las actitudes que él tiene.

Al otro le resulta mucho más fácil escuchar esto.

La clave está en mantenerme siempre conectada con lo que me está pasando y no hablar del otro. En todo caso, si no me agrada lo que sucede, ¿qué otra cosa podría hacer yo para generar algo que me guste más?

Puedo quedarme llorando y quejándome, puedo buscar otro marido o puedo ver cómo estar lo mejor posible con el que quiero y estoy. Puedo usar el conflicto para encontrarle una salida creativa, para ver qué puedo desarrollar de mí misma y en qué puntos ciegos me estoy bloqueando.

Este es mi camino y el que transmito. Esto es lo que me gusta de la vida: ir descubriendo de mí y de los otros; un desafío, no esperar que no haya conflictos, sino verlos como una oportunidad para desarrollarme. Y si es cierto que una de las dificultades es lo proyectado, la otra es la dificultad para darnos cuenta de lo que verdaderamente necesitamos. Por supuesto que cuando no obtenemos lo que creemos necesitar, nos resulta más fácil reaccionar que procurarnos aquello que nos falta, aunque muchas veces estemos pidiendo cosas equivocadas.

Por ejemplo, puedo montar un escándalo porque has llegado tarde. Así, la discusión se centra en esa pelea aparente. Pero no se trata de eso, sino de ver qué es lo que te estoy pidiendo a través de la puntualidad. Si me enfurezco porque llegas tarde, quizás lo que necesite no se resuelva con que llegues temprano. Habría que ver qué me afecta tanto, qué interpretación hago de tu tardanza, qué es lo que necesito de ti, qué te estoy pidiendo al reclamarte puntualidad... ¿Que me demuestres que te importo? ¿Que me valores? ¿Que me consideres? ¿De qué estoy hablando cuando reacciono así?

Cuando estamos demasiado centrados en nosotros mismos, no podemos ver lo que le pasa al otro y nos volvemos autoreferentes.

Para el otro, desde fuera, nuestra actitud parece por lo menos exagerada cuando no francamente irracional. Y posiblemente lo sea, porque estas actitudes tan arcaicas provienen en realidad de los primeros años de vida, de las conductas que aprendemos para defendernos de las heridas padecidas en la infancia...

John Bradshaw llama a este recuerdo de la herida primigenia «el niño herido». Es este niño herido que llevamos dentro el que nos hace actuar así. Los dolores que no pudimos expresar en nuestra infancia los cargamos como una mochila, y se expresan en nuestras reacciones antes de que nos demos cuenta, de modo que nos encontramos instalados allí antes de poder pensar. Estas reacciones son las que nos causan más problemas en las relaciones íntimas.

Desdichadamente, cuando vivimos una relación, los enfados y dolores no resueltos en el pasado los plasmamos en el presente con el otro a través de nuestras reacciones.

Por lo general, estos viejos dolores no aparecen hasta que tenemos una relación de pareja. El noviazgo y el matrimonio disparan estas viejas heridas y suponemos que es nuestro compañero el que las causa.

Habitualmente esto no ocurre al principio, sino a medida que nos vamos sintiendo verdaderamente unidos al otro.

Este niño herido que llevamos en nuestro interior es como un agujero negro que lo absorbe todo, es como un dolor de muelas: cuando aparece no podemos pensar en otra cosa, el dolor domina nuestra vida.

En muchos casos de separación el problema no se encuentra en la relación de uno con el otro, sino en asuntos no resueltos de uno de ellos (o de los dos) con su propio pasado.

Mi reacción genera tu reacción, y así nos vamos potenciando negativamente.

Cuando acarreamos a nuestros niños heridos tenemos la sensación de no estar nunca en el presente. Siempre estamos reaccionando por cosas que nos pasaron hace muchos años. Esto imposibilita la relación con el otro.

Hasta que no me ocupe de este niño herido, él seguirá reaccionando y empeorando mis relaciones íntimas. Y el único que puede escucharlo soy yo mismo cuando me ocupo de su tristeza, de su enfado. Entonces el niño no reacciona porque está contenido.

Es necesario aclarar que no es posible descubrir algunas de estas heridas en soledad. Necesitamos de alguien que nos permita encontrarlas, un vínculo que las dispare con una persona que las autorice, que nos permita sentir lo que sentimos sin descalificarnos. El niño herido necesita la validación de su dolor. Sólo cuando la persona se siente validada en su dolor puede expresarlo y atravesarlo.

El dolor es un proceso que ocurre a través del shock, la tristeza, la soledad, la herida, el enojo, la rabia, el remordimiento. Y dura mucho tiempo.

Para llegar al punto del dolor es fundamental dejar de culpar al otro y observar qué me pasa a mí a través de mis reacciones.

Cuando establecemos una pareja hacemos un pacto inconsciente en el cual, por ejemplo, yo espero que tú seas el padre que no me va a abandonar y tú esperas que yo sea la madre que te va a aceptar incondicionalmente como eres. Y cuando esto no ocurre, porque es imposible que el otro cure mis heridas, empiezo a culparle.

En los peores casos, cuando una pareja siente ese vacío que no puede llenar el uno con el otro, deciden tener un hijo... Y los que aparentan ser dos adultos no son más que dos niños necesitados que buscan la salvación en su hijo. Parecen adultos, pero en sus relaciones interpersonales actúan como niños.

Hay personas que pueden ser brillantes en el nivel adulto, pero cuando se retiran a la intimidad de sus relaciones más comprometidas no son más que niños infinitamente necesitados que reaccionan ante la falta de cariño, de atención o de reconocimiento.

Cuando vemos a las parejas en el consultorio, reconocemos de inmediato a los niños interiores que se están expresando.

Muchas veces los adultos no se ponen de acuerdo porque en realidad cada uno está expresando a su niño herido; cada uno está viviendo una escena de su infancia reclamándole a su mamá o a su papá diferentes cosas, y el otro no puede dárselas porque también está pidiendo lo suyo. Cuando podemos ayudarlos a darse cuenta de lo que está pasando, la discusión pierde sentido: dejan a sus niños calmados, ya que les han dado espacio para expresarse, y pueden volver al presente para encontrarse.

Nuestros niños heridos necesitan un espacio para expresar su enfado y su dolor. Cuando se lo damos empiezan a crecer y no interfieren en nuestras relaciones íntimas.

Welwood nos inculca una lección práctica: «Aprender a aprovechar cada dificultad que encontramos en el camino para ahondar más, para conectarnos con más profundidad, no sólo con nuestra pareja, sino también con nuestra propia condición de seres vivos».

Ojalá estés de acuerdo en incluir todo esto en el libro. ¿Qué opinas tú?

Te mando un beso.

Laura

Roberto había leído el mensaje después de estar en la cama más de dieciséis horas. Siempre le pasaba lo mismo: cuando lo invadía una aflicción su cuerpo respondía con sueño. Un sopor imprevisible lo asaltaba al despertar y le impedía levantarse aún cuando supuestamente ya no tenía ganas de seguir durmiendo.

La casa estaba sucia y llena de olores desagradables. La nevera vacía le parecía una contribución a su patética sensación interna, el desorden se enseñoreaba de su cuarto, le dolía la cabeza y la espalda.

Tambaleándose un poco llegó hasta el baño y se echó agua en la cara para despabilarse. Sin pasar por el cuarto para cambiarse se dirigió a la cocina para prepararse un café.

Había encendido el ordenador mientras esperaba que el agua hirviera. Después la mezcló con el resto de café que quedaba en la bolsa y empezó a beber el amargo líquido negro en un movimiento automático. La lectura del *mail* acabó de despertarlo.

Se dirigió al teléfono. La luz titilaba anunciando que había mensajes. Seguramente eran de Cristina pidiéndole que contestara, que la llamara, que hablaran, etcétera. Sin corroborar su fantasía y cruzando los dedos, decidió llamarla.

Sus deseos se cumplieron: fue el contestador automático el que respondió.

—No tenía nada que ver contigo —dejó grabado—, lo siento. Creo que tengo que resolver algunas cosas mías para poder merecer estar contigo. No me llames, te llamaré yo. Un beso.

Buscó en su agenda el teléfono de su amiga Adriana, la psicóloga. Sentía que necesitaba un espejo donde mirarse un poco.

—¿Tendrías un ratito para mí?

Acordaron reunirse cuarenta y cinco minutos después en el bar cercano al consultorio...

Capítulo 5

Roberto volvió a su casa alrededor de la medianoche. Después de charlar con su amiga durante un par de horas se había ido a caminar junto al río... Para pensar.

Ahora todo parecía más claro. Adriana le había ayudado mucho. Desde hacía años, Roberto pensaba que su enganche con la historia de su madre había sido superado. Pero no: ahí estaba el problema, si no intacto, por lo menos presente.

La idea del «niño herido» de Laura asaltó sus pensamientos. ¿Cuántas veces ese niño interno había pataleado, gritado, llorado, se había arrastrado, había amenazado y manipulado para conseguir que el otro permaneciera a su lado?

Ahora era Cristina pero, de alguna manera, lo mismo había hecho antes con Carolina, y antes con Marta, y antes con Alicia, y antes y después con cada uno de sus amigos, a los que exigía una incondicionalidad y disponibilidad imposibles de satisfacer que terminaba por espantarlos.

La claridad provenía de la serenidad que le daba poder expresar con palabras lo que pasaba. Ahora se sentía en condiciones de definir lo que le estaba sucediendo y, a partir de ahí, quizás podría modificarlo.

En su terapia había aprendido la importancia de poder denominar las cosas. Siempre recordaba fascinado aquella sesión en la que había divagado sobre el valor cultural de ciertas palabras y frases...

Pensaba que las personas empiezan a ser cuando se las identifica con un nombre y un apellido (porque desde el punto de vista jurídico, alguien no registrado, no apuntado, no nombrado, prácticamente no existe). Qué determinante puede ser en nosotros llamarnos de tal o cual manera. (¿Cuál sería la carga —se preguntaba— de llamarse Soledad, Dolores o Angustias?) Pensaba en el peso implícito de llevar el nombre de un hermano, abuelo o tío muerto, o soportar el condicionamiento de responder al mismo nombre del padre o de la madre, que muchas veces conlleva la distorsión de verse obligado a seguir siendo «Jorgito», o «Silvita» o «Miguelito» hasta que el padre o la madre se mueren y uno puede abandonar el diminutivo para poder llamarse finalmente «Jorge», «Silvia» o «Miguel».

Pensó también en la expresión popular sobre las cosas que escapan a nuestro control: «No tiene nombre» («lo que le ha pasado no tiene nombre», dice la gente cuando quiere expresar que cualquier definición sería insuficiente). Y la contra expresión para mostrar claridad: «Llamar a las cosas por su nombre».

Pensó en la parábola bíblica: Dios mismo pidiendo al hombre que pusiera nombre a cada una de las cosas y animales para poder «enseñorearse» sobre la creación.

Pensó en la decisión de los hombres de llamar a Dios «El Innombrable», seguramente para garantizar así la falta de poder de los mortales sobre Él...

«Nombrar es definir y definir es empezar a controlar, porque no se puede tener control sobre lo que no se puede definir ni nombrar», se dijo Roberto.

«Personas brillantes que en la intimidad no son más que niños infinitamente necesitados que reaccionan ante la falta de cariño, de atención y de reconocimiento», recordó.

Debía empezar a trabajar en el «niño herido» que habitaba su interior. Nunca iba a poder sostener una relación de pareja si no resolvía su enfermizo temor a ser abandonado.

«Y el único que puede cuidarlo soy yo mismo», recordó.

Definitivamente, tenía que hacerse cargo de él.

«Cuando me ocupo de su tristeza, de su miedo y de su enfado, el niño no reacciona, porque está contenido.»

Roberto casi no podía creer que todo esto sucediera por haberse cruzado en su vida los mensajes de una desconocida y por esa extraña e involuntaria comedia de enredos.

Con sorpresa, se encontró pensando otra vez en Laura. Parecía que aquel Carlos debía ser su marido, su amante o su concubino, aunque por lo leído podía ser también su exmarido y mantener una buena relación con él. De todos modos, pensó, no debía ser difícil construir una pareja con alguien que conocía tan bien el asunto. Laura mostraba tanta libertad, tanta comprensión, tanta experiencia... Eso era lo que él necesitaba: encontrar una mujer así. Pero, ¿dónde estaban esas mujeres? Bueno, él sabía dónde había una. Vivía en una terminal bajo el nombre de *carlospol@spacenet.com*

Justo entonces se dio cuenta de que el buzón de mensajes de Laura se llamaba *carlospol*. Le incomodó pensar que Laura fuera el seudónimo literario de Carlos, un periodista de revistas femeninas decidido a ganar algo de dinero en confabulación con un psiquiatra experimentado, Fredy. Pensando que el libro se dirigía a un público femenino, Carlos habría decidido firmar como mujer y entonces había inventado a Laura...

Roberto abrió su carpeta de archivos y buscó los mensajes guardados. Leyó rápidamente buscando los textos donde pudiera hablar de Carlos...

¿Para qué lo complicaba todo siempre? ¿Por qué era tan rebuscado?

Un escrito enviado por Laura, que se presentaba como una psicoterapeuta de parejas, que hablaba de un libro, no debía ser otra cosa que lo que simplemente parecía ser.

Laura era, por tanto, Laura, el tal Fredy era su amigo y Carlos había sido, o lamentablemente todavía era, su marido. Punto.

Y siguió fantaseando... «Laura vive con sus dos hijos, un chico y una chica en una gran casa de las afueras de Buenos Aires, posiblemente cerca del Delta, donde los sábados y los domingos va a remar con su exmarido y sus hijos...»

Pero el problema era otro.

¿Qué hacía él pensando en Laura en lugar de preocuparse por su amenazada relación con Cristina?

Se acomodó delante de su ordenador y buscó en los mensajes recibidos. Allí estaban: «Te mando 1» y «Te mando 2».

¡Hola Fred!

¿Qué pasa que no me contestas? Vamos, no seas vago...

De hecho quiero tu opinión sobre un paciente que veo desde hace un año. Me parece que sus problemas tienen aspectos importantes para el libro.

Hace un año que viene a verme, y una de las primeras cosas que le sucedió fue darse cuenta de que estaba enamorado de otra mujer. Desde aquel momento se debate en el dilema de irse a vivir con su amante o quedarse con su mujer y su hijo. Y ayer me decía algo muy interesante: que se daba cuenta de que lo que más le apasiona de su amante es la cualidad que ella tiene de impredecible, que él nunca sabe dónde está.

Pensábamos juntos en esta paradoja, en que la cualidad de la pasión está muy relacionada con la posibilidad de que el otro no esté: la sorpresa, lo fuera de programa. Si esto se convierte en una relación convencional, la pasión cae por definición.

¡Qué absurdo querer unir pasión y matrimonio! ¿Cómo elegir entre la familia y la pasión? Es imposible, sobre todo porque si elige la pasión y se va con su amante, ésta pronto caerá en las garras de lo formal.

Él disfruta de su familia, de volver a casa y estar con su mujer y su hijo. La cuestión se agrava porque él no sólo no siente pasión por su mujer, sino que ni siquiera le gusta estar con ella, no le interesa viajar con ella. Yo creo que él tiene guardado un gran resentimiento que nunca ha expresado.

Ayer hablaba de temas similares con otra pareja. A él le relajó mucho saber que esta problemática es algo habitual. Ella, en cambio, se enfadó muchísimo, se negaba a aceptar que estas cosas pasan. Creo que la salida es aceptar las cosas como son y ver qué podemos hacer, cómo puede resolver cada uno su propia vida. A mi juicio, la postura de ella era muy infantil: «No quiero que esto pase». Creo que muchas veces toda la terapia consiste en que el paciente se dé cuenta de que las cosas pasan como pasan y no como él decide que pasen.

Anoche estaba leyendo el libro de Welwood, *Challenge of the Heart* [El desafío del corazón][2], y me pareció interesante traducir este párrafo para nuestro libro:

2. Welwood, John, *Challenge of the Heart*, Random House, Nueva York, 1985.

En las sociedades tradicionales el matrimonio concertado por los padres era la norma, y se basaba en consideraciones de familia, estatus, salud, etcétera. El matrimonio era más una alianza de familias que de individuos. Servía para preservar el linaje y las propiedades familiares, y socializar a los niños en su lugar dentro de la fábrica social. Ninguna sociedad tradicional consideraba los sentimientos de amor espontáneos individuales como base válida para relaciones duraderas entre un hombre y una mujer.

Más que eso, ninguna sociedad temprana hizo el intento, ni mucho menos tuvo éxito, de unir amor romántico, sexo y matrimonio en una sola institución.

La cultura griega unía sexo y matrimonio, pero reservaba el amor romántico para las relaciones entre hombres y muchachos.

En el amor cortesano del siglo XII, del cual provienen nuestras ideas acerca del romance, el amor entre el hombre y la mujer estaba formalmente separado del matrimonio.

No fue hasta el siglo XIX que los victorianos tuvieron una visión del matrimonio basada en ideales románticos. Pero lo excluido era el sexo: la mujer era considerada enferma si tenía deseo o placer sexual. El placer del sexo quedaba relegado a los prostíbulos.

Es sólo una creencia muy reciente que amor, sexo y matrimonio deben encontrarse en la misma persona. Somos los primeros que tratamos de reunir amor romántico, pasión sexual y compromiso marital monógamo en un solo acuerdo. Según Margaret Mead, es una de las formas matrimoniales más difíciles que la raza humana ha inventado.

Quizás sea un poco osado publicar algo así, pero me gustaría transmitir esta idea de alguna manera, como dando un permiso para que cada uno encuentre un mensaje adecuado para su vida. Me gustaría poner sobre la mesa la idea de que el matrimonio, tal como está planteado, es muy difícil, y que cada uno tenga la opción de encontrar sistemas para vivir más plenamente.

No digo que necesariamente esos aspectos (compromiso marital, amor romántico y pasión sexual) tengan que estar repartidos. Propongo que tomemos conciencia de la magnitud y dificultades que se presentan justamente al intentar reunirlos en un solo vínculo. Y creo que esta breve historización conecta muy directamente con la posibilidad de esa toma de conciencia.

Esta semana vino a verme una pareja que lleva ocho años de matrimonio y tiene dos niños. En la sesión ella planteó que tiene una relación con otro hombre, y que quiere que su marido le dé un tiempo para vivir esa experiencia y después decidir si pueden seguir juntos.

Él la quería matar. No quería darle el tiempo que ella pedía, y quería el divorcio ya.

Yo me quedé pensando en que podríamos ver lo que le ocurre a esta mujer como una actuación o expresión del resentimiento que ha acumulado hacia su marido.

Pero en este momento, en el que ella tiene tal enamoramiento hacia otro hombre, lo más viable es que viva esta experiencia y, después, si se le pasa y quiere reconstruir el vínculo con su marido, que venga a verme.

Obviamente, también pensé que ella debería haberse callado y haberse enfrentado sola a esta situación, esperando a que se aclarasen sus ideas antes de hablar.

Cuando conversamos, él entendió que ella no puede parar lo que le está ocurriendo y que aunque él le pida que no siga viendo al otro, ella no puede hacerlo. También le podría haber pasado a él.

Me gustaría poder hablar de todas estas cosas. La dificultad es cómo hacerlo en un libro como el nuestro. Tendríamos que encontrar la manera, así como también pensar en qué decir y qué no decir. Fundamentalmente me entusiasma la idea de que nos la juguemos tratando temas de los que normalmente no se habla.

Laura

Fredy,

Como verás, cuando estoy embalada no puedo parar. Me encantó la discusión que mantuvimos sobre la frase de Nana: «Las parejas se separan por lo mismo que se unen».

Las parejas se separan por lo mismo que se unen, sí.

Muchas parejas reflexionan: «¿Por qué me he enamorado de él si somos tan diferentes? Quizás con otro que tuviera gustos parecidos a los míos me llevaría mejor...».

Sucede que justamente lo que nos atrae es la diferencia. Al principio me fascina que él tenga eso que para mí es tan difícil de tener. Me completo con mi pareja porque justamente ella puede hacer cosas que yo no puedo hacer, y viceversa. En la etapa del enamoramiento no sólo acepto esas características en él, sino que también las acepto en mí misma. Por ejemplo, si soy una persona muy activa, con tendencia a la acción, me fascinan la tranquilidad, la capacidad receptiva, la introspección. La otra persona, a su vez, se siente fascinada por mi capacidad para estar en el mundo, para ir hacia delante.

Pero el problema viene después, porque es cierto que al principio me agrada la diferencia, pero cuando el enamoramiento decae empiezo a pelearme con mi pareja por las mismas características que nos habían acercado. Si yo he desarrollado especialmente el lado activo, probablemente tenga una pelea con el lado pasivo. Al pelearme con él me situaré en el bando de lo pasivo y él será mi enemigo en el bando de lo activo. Es decir, traslado a la relación una vieja pelea interna. Al enamorarme de la otra persona porque se permite ser tan relajada y quieta, de algún modo me reconcilio con un aspecto de mí misma que yo había negado, pero si no lo desarrollo en mí terminaré peleándome con mi compañero del mismo modo que antes me peleaba con ese aspecto negado.

Ante esta circunstancia, la clave es desarrollar los aspectos nada o poco evolucionados que vemos en el otro. Así, nuestro compañero se convierte en nuestro maestro o en nuestro enemigo. Ésta es la elección.

Nuestra propuesta consiste en desarrollar estos aspectos negados o en pugna para así integrarnos en nosotros mismos, convertirnos en personas más enteras deteniendo la pelea interna y externa.

El ejemplo más adecuado sería verlo en nosotros. ¿No te parece?

Me fascina tu capacidad para decir las cosas, tu manejo de las palabras y de las relaciones. Yo soy una persona antipática que siempre se pelea con las formas. Acercarme a trabajar contigo, Fredy, es una oportunidad para reconciliarme con esta parte de mí y que tú te conviertas en mi maestro en este aspecto. Por el contrario, lo neurótico sería enfadarme porque le das tanta importancia a las formas y no te das cuenta de que lo único importante es el contenido.

Aquí tú tendrías que añadir tu parte sobre el asunto: qué aspecto rechazado puedes integrar en tu relación conmigo.

Esto tiene relación con lo que venimos diciendo sobre la pareja: que es un espejo donde veo mis partes negadas. Como ya dije, el acento está en desarrollar lo que niego o las partes con las que estoy peleada, sabiendo que si no lo hago terminaré separándome por la misma causa por la que me uní. Este es el desafío de la pareja.

En este sentido, la relación me sirve para integrarme, porque si no me integro voy a pelearme y hasta separarme de la persona que me recuerda constantemente mi pelea interna.

En realidad, esto es parte de lo que ocurre. En otro capítulo hablaríamos de los problemas personales con los que tengo que enfrentarme debido a esta relación, en tanto que al estar con otro me enfrento con horribles aspectos de mí que estando sola no tendrían la oportunidad de salir.

Por eso a veces es tan difícil estar con otro. Porque cuando estoy solo puedo imaginarme que soy de lo mejor, pero en el contacto íntimo sale lo mejor y también lo peor de mí: mi competitividad, mis celos, mi lucha por el poder, mis ganas de controlarte, de manipularte, mi falta de generosidad, etcétera, etcétera.

Es duro ver esto en uno mismo. Es un desafío aceptarlo y hacer algo al respecto. La salida más fácil es pensar que el otro es el competitivo, el egoísta, el duro...

Cito a Nana:

«Parece que los mismos elementos que contribuyen a mantener la estabilidad y la armonía de una pareja son los que pueden contribuir a su destrucción.»

«Toda relación que no favorezca la expansión del Yo, que impida el crecimiento, aunque sea estable y/o aparentemente gratificadora, encierra el germen de su propia destrucción. Poder ver estas limitaciones oportunamente es de un valor incalculable. La relación verdadera con el otro, en quien en un momento determinado creímos y ante cuya presencia

76

fuimos capaces de trascender y traspasar nuestra angustia de soledad y autosuficiencia, es una de las situaciones hermosas que nos permite acercarnos a los seres humanos con amor.»

Qué hermosa frase. Quisiera citar a Nana todo el tiempo. Muchas veces tengo la sensación de que todo lo que sé, de una u otra manera, lo he aprendido de mi madre o de ella.

En este momento recuerdo alguna vez en que hablamos informalmente sobre nosotros en aquel bar de Once, ¿te acuerdas? De repente yo te dije algo y la cara se te iluminó: fue una especie de «darse cuenta» para ti.

En aquel momento sentí por primera vez que me recibías de verdad, que me escuchabas de otra manera.

Fue luminoso, pero qué estúpido sería pensar en no volver a verte cuando eso no sucede.

Te envío un beso.

Laura

Durante los días que siguieron Roberto se quedó casi todo el tiempo en su casa. Salía sólo para tareas imprescindibles de su trabajo y para hacer algunas compras inevitables.

¿Sería cierto que las parejas se separan por lo mismo que se unen?

Era una idea fuerte, debía pensarla mucho. Sin embargo, no parecía aquel un buen momento. En su mente aparecía imaginariamente el rótulo «Tilt» que se encendía en las viejas máquinas del millón electrónicas cuando se las zarandeaba demasiado intentando colar la bola de acero en el agujero. Esa era una buena descripción de cómo se sentía:

desencajado, zarandeado, conmovido, detenido en un lugar equivocado, «tiltado».

Dos veces al día encendía el ordenador y buscaba mensajes en su buzón. Al principio lo hacía con displicencia, pero a medida que transcurría la semana se dio cuenta de que cada vez se inquietaba más ante la ausencia de noticias.

Por fin, a los ocho días llegó un mensaje.

Querido Fredy,

Este es el último *e-mail* que te escribo.

Me encanta escribirte, pero tu silencio es muy doloroso.

Yo sé que escribo por el placer de escribir. Sé que necesito hacerlo, me alegra, me hace bien, me conecta conmigo misma, pero también necesito respuestas.

Sé que lees lo que escribo, estoy segura de que enciendes el ordenador esperando mis archivos, y sé que no puedes escribir ahora. La escritura es algo que se nos aparece, que se nos impone, y no la podemos forzar.

He pensado mucho en algo sobre lo que converso mucho con mis pacientes: cómo aceptar el ritmo del otro. Por eso espero pacientemente que a ti te llegue el momento de volver a conectar conmigo.

En las parejas que trato veo que muchas veces se producen desencuentros a causa de los ritmos diferentes que tienen para enfrentarse a la vida. Sé que es importante aceptar el ritmo del otro. Sé que los hombres huyen cuando se sienten presionados.

Las mujeres suelen quejarse de que los hombres se cierran al contacto, y no se dan cuenta de que es una respuesta a la presión que ellas ejercen. Los hombres se cierran cuando se sienten forzados, cuando no les damos el tiempo que necesitan.

Me digo a mí misma que tengo que seguir escribiéndote porque es un placer para mí. Recuerda el tema del dar y el recibir del que hemos hablado tantas veces.

El acto de dar es un recibir en sí mismo: yo recibo el placer de que recibas algo bueno que tengo para darte. Recibo la alegría de que me escuches y valores lo que te doy. No tiene sentido dar esperando algo fuera del acto mismo de dar.

Pero llega un momento en que necesito tu palabra: me duele tu silencio. Por eso tengo que decirte que este es mi último mensaje.

Nos encontraremos en otro viaje, en otro congreso, en otro momento...

Cariñosamente,

Laura

Roberto sintió que un escalofrío le recorría la columna y volvió a leer el mensaje. No podía ser. ¿Cómo iba Laura a dejar de escribir? ¿Él iba a verse privado de las cartas de Laura sólo porque el idiota de Fredy le había dado mal su dirección?

No era justo.

No lo era.

Durante las últimas semanas, Laura había sido la persona más confiable y perceptiva de su entorno. No podía permitir que desapareciera como Cristina, como Carolina, como todos... Algo tenía que hacer.

Se preguntó qué haría Fredy si se enterara de que Laura estaba dejando de escribir. «Puede que él contestara este mensaje...», pensó. Pero Roberto tampoco conocía la dirección correcta de Fredy.

Podía hacer algunas pruebas...

¡El teléfono!

Se levantó para buscar la guía, pero antes de llegar al estante recordó que no sabía su apellido. Podía averiguarlo si preguntaba por el tal Fredy entre sus amigos psicólogos, pero, ¿y luego?

Después Laura y Fredy se comunicarían entre sí y él quedaría definitivamente fuera del canal de comunicación con Laura...

Y él no podía prescindir de aquellos mensajes. No por ahora.

Se levantó de su sillón y empezó a merodear por el apartamento. Necesitaba encontrar una solución.

¿Y si averiguaba el teléfono de Laura y le hacía creer que Fredy estaba fuera del país y por eso no contestaba?

En realidad no necesitaba su teléfono. Podía hacérselo saber por correo electrónico.

Laura,

Anoche me llamó Fredy para pedirme que la avise que está de viaje y que le...

Laura,

Anoche me llamó por teléfono nuestro común amigo Fredy. Ya debe usted saber que tuvo que marcharse urgentemente...

Laura,

Anoche me llamó por teléfono nuestro común amigo Fredy.

Llamó para pedirme que la avise que está de viaje y que le pida, por favor, que siga escribiendo. A su regreso él se lo explicará todo...

Laura,

Anoche me llamó por teléfono nuestro común amigo Fredy.

No sé si sabe que no se encuentra en el país. Entre las cosas que comentamos me pidió que la avisara que siga con el libro y que a su vuelta él mismo le contestará todos los mensajes...

No servía. Fredy quedaba como un estúpido. En cualquier lugar del mundo hay ordenadores... ¿Por qué no se lo hacía saber él mismo en lugar de llamar a su amigo Roberto?

¡Eso!

¿Por qué no se lo decía el mismo Fredy?

¿Por qué no?

No había cámaras, ni letra manuscrita, ni remitente. ¿Cómo podría Laura descubrir que la disculpa provenía de él y no de Fredy?

Laura,

Te ruego que no te enfades. He tenido algunas complicaciones en el trabajo y he estado viajando, por eso no he podido responder a tus maravillosos mensajes...

«Maravillosos.» ¿Serían maravillosos para Fredy?

... no he podido responder a tus mensajes. Creo que en un par de meses más o menos podré tener algo más de tiempo para contestarte. Mientras tanto no dejes de escribirme. Todo lo que dices me sirve y estoy seguro de que el libro va a ser genial.

Besos,

Fredy

Releyó el mensaje, borró «un par de meses más o menos» y lo reemplazó por «pronto». Borró «Besos» y escribió «Un fuerte abrazo». Añadió un «Querida» antes de «Laura» y cambió «Te ruego» por «Te pido». Eliminó «Todo» de la frase «Todo lo que dices» y cambió el «genial» por «un éxito».

Querida Laura,

Te pido que no te enfades. He tenido algunas complicaciones en el trabajo y he estado viajando, por eso no he podido responder a tus mensajes. Creo que pronto podré tener un poco más de tiempo para contestarte. Mientras tanto no dejes de escribirme. Lo que dices me sirve y estoy seguro de que el libro va a ser un éxito.

Un fuerte abrazo,

Fredy

No estaba mal. Nada mal.

Roberto respiró hondo y buscó el icono de enviar. Apoyó el cursor sobre él y volvió a leer el mensaje que estaba a punto de mandar.

Volvió una vez más al texto y borró «fuerte» dejando «Un abrazo».

Tenía que dejar de revisarlo o no lo mandaría nunca. Después de todo, no tenía nada que perder: si no ideaba alguna respuesta los mensajes de Laura no volverían a llegarle.

Apretó el botón y envió el mensaje.

La pantalla parpadeó y el aviso de «Mensaje enviado» apareció ante Roberto. No había manera de volverse atrás.

Capítulo 6

Parecía un adolescente enamorado esperando al lado de su ordenador como cuando tenía dieciséis años y se quedaba al lado del teléfono anhelando la llamada de Rosita, su primera novia.

Pero Roberto no tenía dieciséis años y Laura no era su novia, así que se sentía bastante incómodo por aquella ansiedad tan poco justificada.

Cuando esperamos que algo suceda sin que podamos tener participación en ello, el hecho siempre se demora. Y, de todas maneras, aunque sea lo justo, a uno siempre le parece que tarda demasiado. Por eso la semana sin noticias de Laura se le había hecho insoportable.

¿Qué iba a hacer si ella no le volvía a escribir?

Poco a poco, Laura iba ocupando en sus pensamientos espacios poco adecuados para una relación inexistente.

Se acostó pensando en la poesía del hombre imaginario de Nicanor Parra.[3]

---

3. Parra, Nicanor, *Chistes parra desorientar a la poesía,* Visor Libros, Madrid, 1989.

A las cuatro de la mañana del lunes se despertó agitado, taquicárdico y transpirando. Sin más razón que una vaga sensación, creyó recordar que había estado soñando con ella.

Soñando con Laura... con la imaginaria Laura.

Él había estudiado que los sueños son imágenes ligadas a los sentidos, y que los ciegos de nacimiento sueñan con sonidos. ¿Qué sueño se puede tener con una idea de alguien?

—¿Cuánto tiempo más voy a esperar? —pensó.

Buscó una hoja en blanco y garabateó:

> «Veinte veces al día,
> siete veces por semana,
> enciendo el ordenador,
> espero los programas de inicio,
> abro el administrador de correo,
> busco los mensajes,
> no está el deseado,
> pulso para finalizar,
> debo esperar
> también para salir,
> maldición,
> apago el ordenador,
> me tomo un café,
> enciendo la tele,
> lo dejo todo
> ... y vuelvo a empezar.»

Roberto se puso una cazadora y salió a la calle sólo por no quedarse en casa.

«No ha sido suficiente.

»Era lógico.

»Ella escribiendo, pensando, y el otro idiota no le contesta.

»Hay que ser estúpido... Una mujer de primera te incluye en su proyecto, se compromete contigo en algo que habéis programado juntos, la comunicación se corta y tú no das noticias. Hay que ser un estúpido, muy estúpido.

»No se puede ser tan gilipollas como para dejar a una mujer esperando una respuesta que nunca le llega... Si no te interesa dile "no estoy interesado" y termina...

»Estos son los tipos que después se quejan de las mujeres que los abandonan...»

A medida que iba caminando se enfadaba más y más con Fredy. En su lugar, él nunca habría actuado así. Se acordó de la manida frase que solía repetir su madre: «Dios da pan a quien no tiene dientes», y se rió de sí mismo por la vulgaridad de la asociación.

«Quizás la manera de cuidar de mi niño interior sea empezar a pensar como mi madre...», se dijo. Y se volvió a reír, esta vez en voz alta, mientras subía por la escalera que conducía a su apartamento.

A dos metros de la puerta escuchó el timbre del teléfono. «¡Laura!», gritó, e intentó darse prisa para llegar al aparato antes de que respondiera el contestador.

Después de un rato, y mientras recogía el contenido de su bolsillo desparramado en el umbral, pudo ordenar lógicamente su pensamiento y darse cuenta de que su subconsciente le había jugado una broma pesada.

Cuando finalmente encontró las llaves y abrió la puerta, Cristina terminaba de grabar su mensaje.

—Me duele que no me atiendas, así que no volveré a llamar. Quizás en otro momento de nuestras vidas podamos hablar. Adiós.

Por un momento tuvo la sensación de que no era la primera vez que escuchaba aquellas palabras, exactamente las mismas, aunque de otros labios...

Roberto se encogió de hombros en un gesto para sí mismo y pensó que era mejor así, puesto que por ahora no sabía que decirle. Pensó, además, que no debía distraerse: necesitaba toda su energía para soportar el silencio de Laura.

Intentó volver a su idea original de escribirle como si fuera «el amigo de Fredy».

Laura,

Fredy está inquieto porque no tiene noticias suyas. Teme que usted se haya enfadado por algo. Por favor, escríbale unas líneas para que...

¡Absurdo!

Totalmente desesperanzado, volvió a establecer una vez más su conexión con Internet.

El buzón estaba desbordado por las reclamaciones cada vez más enérgicas de sus clientes.

Roberto respiró profundamente y emitió un ruidoso suspiro. Era hora de comportarse como un adulto si no quería jugarse todo lo que había conseguido con tanto esfuerzo en los últimos años de trabajo. Con ganas o sin ellas debía volver a la oficina, retomar sus responsabilidades laborales y proteger de paso sus pocos ahorros.

Cuidadosamente, tomó nota de todos los asuntos que tenía pendientes y de las cinco propuestas de trabajo que había recibido recientemente. Entonces sintió que todavía estaba a tiempo.

Se tomó una dosis doble de las Flores de Bach que le había recetado su amiga Adriana y se acostó temprano.

Tuvo un sueño maravilloso y hollywoodiense. Después de realizar un esfuerzo sobrehumano, él, que en el sueño era una especie de corredor de maratón, llegaba primero a la meta. Una rubia le esperaba llorando emocionada y corría en su dirección, pañuelo en mano, llegaba hasta él y lo abrazaba y lo besaba incansablemente.

Se despertó haciendo esfuerzos por prolongar su sueño un poco más. Trataba de no abrir los ojos para retener aquella imagen que tanto lo confortaba: el triunfo, el reconocimiento, Laura...

Mientras se lavaba los dientes pensaba: «Voy a tener que trabajar duro. Una mujer valiosa no se conforma con un trabajador mediocre. El sueño está claro: la rubia está al llegar a la meta».

Abrió los dos grifos y se puso la crema de afeitar. Miró a los ojos al Papá Noel de barba espumosa que le devolvía el espejo y le dijo: «Llegar... ¡Ganador!».

Terminó de afeitarse silbando y, después de dejar una nota a la señora de la limpieza para que pusiera orden en la casa aunque le llevara más tiempo del acordado, se fue para la oficina.

Cuando bajó del taxi, el hombre del quiosco de revistas y el encargado del edificio no pudieron evitar sonreír ante el asombro de verlo llegar tan temprano. Casi lo mismo le ocurría a Roberto: no podía evitar la sorpresa ante la sonrisa que sentía dibujada en su cara. Gracias a esa sorpresa o a pesar de ella Roberto trabajó mucho y bien aquel día, y el siguiente, y también el que siguió a aquél.

El viernes, al llegar a casa, pensó que hacía años que no tenía una semana de trabajo tan productiva. Se merecía la bañera llena de espuma que se preparó y el *sushi* que pidió a domicilio: *sashimi* de salmón, *niguiri* de atún y *California Roll*.

El lunes, Roberto encendió su ordenador buscando la confirmación de una compra de materiales que había realizado el miércoles anterior. Se sorprendió al encontrar un mensaje de *carlospol* que le esperaba con un título diferente. Se llamaba *Dejar las ilusiones*.

Fredy,

Hace falta alejarse de la ilusión para ver al ser que tenemos delante.

Hoy hablamos sobre esto en un grupo: el dolor de dejar de lado las ilusiones y aceptar la realidad. En ese momento de crecimiento dejamos de pelearnos y aceptamos las cosas como son.

Hemos trabajado con un muchacho de treinta años que acaba de romper con una mujer que lo ha rechazado. Él hablaba del dolor de perder la ilusión que había construido en torno a esta mujer.

Es justo llamarlo «pérdida de la ilusión» porque cuando este muchacho se dio cuenta de lo que en realidad pasaba con ella, de la manera como lo maltrataba y no le daba lo mínimo que él necesitaba, era obvio que no quería seguir la relación. Pero ella sabía prometerle algo que nunca le daba y él está enganchado a eso.

Su verdadero dolor es aceptar cómo se ha dejado engañar y cómo le habría gustado mantener aquella ilusión. Pero la realidad se ha impuesto. Ella es esto que él ve ahora, no la promesa que le vendía.

El momento de dejar las ilusiones, decir «vamos a disfrutar de lo que hay y dejemos de llorar por lo imposible», es decisivo para la vida de una persona.

Es doloroso dejar de lado la pareja ideal, la pasión permanente, pero es la única manera de sostener un vínculo sano. Todos amamos nuestras ilusiones y no es fácil dejarlas. Sin embargo, al final, sea como sea, la realidad siempre se impone. Como solía repetir tu casi tocayo Fritz Perls, «una rosa es una rosa que es una rosa que es una rosa...».

La realidad es, y ante ella las ilusiones se disipan.

Yo entiendo que tengas poco tiempo, pero me declaro absolutamente incapaz de seguir sola.

Lo siento,

Laura

El mensaje confirmaba lo que Roberto sabía: las excusas que había mandado en su breve mensaje de la semana anterior no eran suficientes. Laura dejaría de escribir... ¿Serviría de algo un intento más?

Laura,

¡Seguro que puedes escribirlo sola!

Mi colaboración ha sido tan escasa que no cambiará nada que esté o no esté. No me gustaría sentirme forzado a escribir cuando no fluye de mí. Me parece que esto no debería frenarte para seguir adelante, porque lo que escribes es muy valioso.

Y, sobre todo, no dejes de enviarme lo que escribas para que yo pueda seguir aprendiendo de ti.

Un beso,

Fredy

Envió el mensaje, bajó el resto de la correspondencia y se fue a la oficina.

Aquella misma noche, al encender el ordenador, encontró la respuesta de Laura.

Fredy,

He recibido tu último mensaje y lo tomo como lo que es: un enorme halago.

Sin embargo, por alguna razón que ignoro, al leerlo he tenido la sensación de que algo ha cambiado en ti. Tal vez ya no estés interesado en el libro, tal vez ya no tengas la energía puesta en este proyecto, tal vez simplemente ha dejado de interesarte escribir conmigo...

Acepto el cumplido pero no quiero escribir sin ti y, aunque quisiera, se me hace muy difícil seguir adelante sin contar con tus palabras, que valoro y necesito.

No te fuerzo, sólo renuncio a empujar de este carro alentada por la fantasía de que estamos escribiendo los dos y esperando tus opiniones que nunca llegan, así como renuncio también a llevar adelante sola este proyecto que una vez soñamos juntos.

No dejes que esto te inquiete. Será o no cuando llegue el momento.

Otro beso,

Laura

¡Todo estaba perdido! Aunque supiera que, en el fondo, ella no podía darse cuenta de su identidad, Roberto se sintió descubierto y se sobresaltó. La frase era realmente inquietante y parecía acabar con el juego: «Al leerlo he tenido la sensación de que algo ha cambiado en ti».

¿Y si su estilo era muy diferente al de Fredy? Quizás él ni siquiera la tuteaba... Quizás las excusas simplemente no entraban en su manera de ser. ¿Cómo saberlo? ¿Y ahora qué?

Roberto se puso de pie y empezó a recorrer el apartamento. No podía, no quería, no debía renunciar. Si bien seguir insistiendo podía producir el efecto contrario al deseado, tarde o temprano Laura descubriría el engaño y, por supuesto, llegarían al final del camino.

Trató de serenarse. ¿Qué contestaría un hombre como aquel en una situación así? Era imposible predecir la conducta de un desconocido. De hecho, se dijo, era imposible predecir con exactitud la reacción de nadie.

¡Esa era la respuesta! Tenía que responder con su opinión. Eso era lo que Laura le estaba pidiendo a Fredy.

Se sentó frente al teclado con un café y empezó a contestar el mensaje.

Laura:

También a mí me ha dado la sensación de que algo había cambiado en ti. Pero, a diferencia de ti, yo no creo que esto cambie nuestro proyecto. Después de todo, ¿no somos nosotros los que sostenemos que las respuestas predecibles ensombrecen el futuro del vínculo? ¿No decimos siempre que lo cambiante del otro es justamente lo que hace que cada encuentro pueda ser maravilloso? ¿No crees que, entre nosotros dos, lo impredecible de nuestra manera de actuar es lo que hace de esta relación un hecho mágico? Mágico, sí. ¡Mágico!

Me parece que no estoy del todo de acuerdo con eso que dices sobre «dejar las ilusiones». Y lo asocio con la magia porque creo, como dice mi amigo Norbi, que la magia existe. Existe de verdad cada vez que una ilusión se transforma tangiblemente (y con nuestra colaboración) en realidad.

Creo que estarás de acuerdo en que nos sucede lo mismo que a cualquier pareja: necesitamos de un poco de la magia que solamente nos llegará si somos capaces de sorprendernos al encontrarnos hoy en un lugar diferente de aquel en el que nos solíamos cruzar hasta ayer, una sorpresa sin miedos, una sorpresa sin parálisis, una sorpresa que despierte más la frescura de la curiosidad que la inseguridad de lo desconocido. Y creo que estarás de acuerdo conmigo en que, sólo en la medida en que aceptemos la realidad como es, seremos capaces de cambiarla. Volveremos posible nuestra fantasía y, por supuesto, sólo así podremos disfrutar de ese sueño compartido, sea ese sueño una familia, un viaje, una pareja o escribir un libro.

En todo caso, como decía Ambrose Bierce, «Si quieres que tus sueños se hagan realidad, despierta».

Te mando mil besos,

Fredy

La respuesta de Laura le traería la alegría de haber transformado, él también, una fantasía en realidad: la fantasía de que Laura siguiera escribiendo.

Querido Fredy:

¡Me sorprendes! ¡Siempre me sorprendes! ¿Serás el mismo Fredy que yo conocí? Y, más aún, ¿seré yo la misma Laura con la que una vez decidiste escribir un libro? Seguramente no.

Y, sin embargo, cuando la magia se hace presente, el encuentro sucede. O, al revés, cuando el encuentro sucede, la magia se hace presente... Me encanta la magia, la magia del encuentro. ¡Qué increíble!

Me siento delante del ordenador y leer tus comentarios me ayuda a sentirme mejor. Poder seguir con el proyecto y no tener que deshacerme de mi sueño provoca el abracadabra de mis ganas de volver a escribir.

Me gusta la palabra «magia»: es mágica. Desde que llegué al consultorio esperaba tener una hora libre para volver a escribir.

Hay algo que dices que me parece muy cierto: lo que nos pasa es mágico. Yo siento que la energía que me impulsa a escribir me sale de las entrañas, no hay mejor ejemplo. Siempre he pensado que aunque las letras sean iguales, su sentido es distinto si han salido del alma.

Pongamos un poco en orden nuestras ideas: no sólo no hay parejas sin conflictos, sino que son los conflictos quienes hacen atractivo estar con otro. Y, más que los conflictos, las diferencias (que son justamente las que generan el conflicto).

A veces me enfado por lo condescendiente que es Carlos con todo el mundo, pero también pienso que si no fuera así conmigo, las cosas no habrían funcionado. Él es así conmigo y con todos. Sería absurdo pedirle que fuera así conmigo y no con los demás, porque es su modo de ser.

Creo que es posible aprender de las dificultades. Es una manera de estar en el mundo, observar qué ocurre y ver cómo atravieso la situación. Digo que es una manera de estar en el mundo porque es muy diferente tener un plan prefijado que dejar que la vida fluya. La vida no consiste en cumplir determinadas metas prefijadas porque sería muy aburrida. Es diferente si nos proponemos ver qué ocurre y decidir cómo movernos a medida que vayan sucediendo las cosas.

Muchas angustias y depresiones se generan debido a que tenemos una idea prefijada de a dónde queremos ir, y cuando el plan no se cumple nos frustramos. Cuando no actúas de acuerdo con mis expectativas, no te quiero. Y no es así. La vida es más vivible si adoptamos la actitud del surfista: son las olas las que marcan el camino, no mi idea de adonde tengo que llegar. Es mejor descubrir el camino según las piedras que nos vayamos encontrando.

Qué relajante es llegar al punto de poder decir: esto es lo que puedo hacer, esto es lo bueno para mí. No hay un modelo de vida: lo que a mí me encanta a ti no te gusta, y todo está bien. ¿Por qué tengo que convencerte de que mirar el río es más divertido que entrar en Internet? Tú quédate con el ordenador y yo me voy a patinar al río. Nos vemos luego.

Tardé años en aceptar que Carlos no disfrutara del río como yo lo hago. La mayoría de la gente se pelea porque quiere convencer al otro de que su postura es la correcta. Partamos de la base de que no hay una postura correcta.

Creo que la gente necesita ser convalidada por el otro para afirmarse en lo que piensa o lo que siente. Sería genial poder decir «esto para mí es bueno aunque a todo el mundo le guste otra cosa», y poder respetarlo: no necesitar la autorización del otro sino aceptar la diferencia.

No hay una manera de vivir. Cada uno se monta su circo como puede. Cada pareja tiene que montar su propio circo.

Y la vida va fluyendo cuando uno se abre de esta manera. Es maravilloso todo lo que ocurre cuando nos lanzamos a la aventura de vivir, el camino del héroe. Los conflictos se convierten en algo interesante, en una aventura hacia el descubrimiento de uno mismo.

¿No te parece aburrido saber todo lo que quieres que te pase? Es igual que estar solo: no tiene magia.

Como dice mi amigo Luis Halfen: «Podemos vivir la vida como si fuéramos un conductor del metro, sabiendo exactamente a dónde vamos y cómo es el camino. O como un surfista: siguiendo la ola».Te propongo que sigamos las olas. Nos vamos a divertir.Y también se trata de eso.

¿Lo ves? Tus mensajes me inspiran para seguir escribiendo.
Besos.

Laura

Roberto terminó de leer y sintió la misma urgencia que Laura decía que la empujaba a escribir.

Increíblemente, sin pensar si era él o Fredy quien escribía, mecanografió de un tirón este mensaje y lo envió:

Hola, Laura,

He recibido tu mensaje.

¡Cómo me ha gustado esa imagen del surfista y del conductor del metro!

Me parece una idea poderosa. De hecho, la vida es un delicado equilibrio impredecible. No sólo hay que dejarse llevar por la ola, sino que también es cierto que no todas las olas sirven para surfear. La metáfora se ajusta a todo lo que pensamos: para hacer surf, tienes que estar dispuesto a encontrarte con cosas que no puedes prever (nadie sabe cómo vendrá la ola).Todo es una mezcla de arte y entrenamiento. Nadie nace sabiendo hacerlo y, además, es imprescindible estar dispuesto a correr el riesgo de darse algún que otro chapuzón o de sufrir algunas caídas que nos dejarán llenos de morados y de experiencias para enfrentarnos a la próxima ola.

Es verdad. No basta con los sueños, no basta con la fantasía, no basta con las ilusiones, no basta con el deseo y con los proyectos...Y, sin embargo, sin ellos no hay camino.

Te envío algunas ideas sobre las que he estado trabajando.

Yo creo que todas nuestras acciones coherentes empiezan en un sueño, eso que vulgarmente llamamos fantasía y que se expresa así:

«Qué hermoso sería...»
«Qué increíble podría ser...»
«Sería maravilloso...»

Si nos adueñamos de esa fantasía y nos la probamos como si fuera una camisa, la fantasía se transforma en una ilusión:

«Cómo me gustaría...»
«Me encantaría que...»
«Sería genial que yo pudiera algún día...»

Si dejo que esa ilusión anide en mí, si la riego y la dejo crecer, un día la ilusión se vuelve deseo:

«Quisiera estar en...»
«Lo que más deseo es...»
«Verdaderamente quiero...»

Llegado este punto, quizás, sea capaz de imaginarme a mí mismo llevando a cabo ese deseo, haciéndolo realidad. En ese momento, el deseo se convierte en proyecto:

«Voy a hacerlo...»
«En algún momento...»
«Pronto yo...»

De aquí en adelante sólo me resta elaborar el plan, la táctica o la estrategia que me permita ser un fantástico mago que materialice la realización de mi sueño.

Fíjate: hasta este momento no he movido un dedo. Todas mis

acciones son internas y, sin embargo, cuántas cosas han pasado en mi interior desde que sólo fantaseaba.

Me dirás que con esto no basta. Es verdad, muchas veces no es suficiente. Hace falta llevar a cabo lo planificado y corregir los errores.

Hace falta ponerse el traje de baño, coger la tabla de nuestros proyectos, lanzarse a la vida y esperar atentamente la ola de la realidad para subirse a ella y surfear hasta la mágica playa de la satisfacción.

Besos.

Fredy

Roberto releyó lo escrito. Se sentía pleno. Aunque todo aquello no fuera más que un juego efímero, este juego lo había estimulado a estudiar, leer y pensar como pocas veces antes lo había hecho. Hasta aquel momento no sabía que guardaba dentro de sí aquella capacidad de poner por escrito sus pensamientos.

Si el amor estaba conectado con los aspectos más sabios e iluminados de cada uno, Roberto debía estar indudablemente enamorado.

LIBRO SEGUNDO

trebor@

CAPÍTULO 7

Roberto se levantó satisfecho. Tenía la convicción de que, por el momento, había conseguido darle la vuelta a la decisión de Laura. Le gustaba pensar que estaba salvando un libro para el futuro, aunque aquello significara ayudar a Fredy, aquel estúpido que, sin saberlo, le debía la continuidad de su participación en aquel trabajo.

En la oficina todo iba sobre ruedas. Aquella mañana terminó de diagramar la publicidad institucional que le había encargado una empresa de administración de fondos de pensiones. Su pensamiento estaba inundado de los mensajes de ida y vuelta del día anterior, y planteó la campaña sobre la idea de aceptar el paso del tiempo. Basó la propuesta en abandonar la ilusión de la juventud eterna y en convertir en realidad el sueño de una vejez protegida y segura.

A última hora de la tarde, de regreso a casa, todavía resonaban en sus oídos los espontáneos aplausos y felicitaciones que había recibido en la reunión con la dirección, donde expuso su anteproyecto publicitario.

—Algo más que agradecer a Laura —pensó.

Llegó corriendo a casa para releer los mensajes. Tenía la sensación de haberlos leído demasiado rápido el día anterior.

Roberto siempre había odiado aquellas promociones para turistas que ofrecían visitar doce ciudades en diez días. Desde su primer viaje, siempre tenía ganas de quedarse durante un tiempo en el lugar donde aterrizaba. Necesitaba «volver a pasar» por un lugar para poder registrarlo en su retina, en su oído, en sus pies, en su mente. La misma sensación tenía con las palabras de Laura: no tenía suficiente con leer una sola vez sus mensajes. Necesitaba volver y extraer de ellos lo que le parecía más importante o más impactante, o simplemente, lo que le llegaba más.

«Salirse de la ilusión para ver al ser que tenemos delante.»
«Duele dejar de lado las ilusiones y aceptar la realidad.»
«La realidad ES, y frente a ella las ilusiones se disipan.»
«Renuncio a llevar adelante sola un proyecto que soñamos juntos.»
«Será o no será cuando llegue el momento.»
«Es posible aprender de las dificultades.»
«La vida no consiste en cumplir determinadas metas prefijadas. Sería muy aburrido.»
«Partamos de la base de que no hay una postura correcta.»

Se quedó pensando en dos metáforas que le encantaron: la de vivir como un surfista o como un conductor de metro, y la de que cada uno monta su circo como puede. Luego se detuvo en el pequeño relato sobre el consultorio.

«Trabajamos con un muchacho de treinta años que había roto con una mujer que le rechazó. Hablaba del dolor de perder las ilusiones que había construido con aquella mujer.»

Desde muchos lugares de su interior se sentía identificado con aquel paciente del grupo. También él rompía sus relaciones cada vez que sentía que su pareja lo rechazaba. También él había sentido cientos de veces el dolor de perder las ilusiones depositadas en un vínculo.

Pero había algo en la última frase que no le cuadraba del todo...

«El verdadero dolor del muchacho es aceptar que se ha dejado engañar.»

¿Era aquél el verdadero dolor en los vínculos: aceptar la realidad de que nos dejamos engañar? ¿Él se había dejado engañar? ¿Existe esa posibilidad, «dejarse engañar»? En todo caso, ¿cuál era el engaño de las mujeres con las que había intimado? ¿No fueron como él las había imaginado, deseado, soñado o necesitado?

Como Laura decía: «Cuando el enamoramiento pasa no hay más remedio que enfrentarse con la realidad del ser del otro».

Era duro. Tenía que pensar en aquello: amor, vínculo, ilusión, decepción, engaño...

Y, por fin, se detuvo en aquella frase:

«... se me hace muy difícil seguir adelante sin contar con tus palabras.»

Era evidente que Laura no se conformaría con seguir escribiendo sola. Ella reclamaba con todo derecho la colaboración de Fredy.

Sobre psicología de parejas, Roberto no conocía más que el resultado de su muchas veces dolorosa experiencia y de su época de terapia. Recordaba además algunos conceptos sobre psicología de la conducta que estudió dentro de alguna de las materias de su carrera de marketing, y otras tantas nociones que le habían quedado después de leer algunos libros empujado tan sólo por la curiosidad. Se dio cuenta de que tales «conocimientos» no iban a ser suficientes para mantener conversaciones electrónicas con Laura sobre el tema de las parejas.

Miró la hora. Faltaban quince minutos para las ocho. Si se daba prisa llegaría a la librería del centro antes de que cerraran.

Echó un vistazo a los mensajes anteriores buscando algunos nombres de autores y apuntó tres en una hoja:

WELWOOD

BRADSHAW

PERLS

A las diez estaba de vuelta en casa. Llevaba una decena de libros en una bolsa:

El viaje del corazón, el único que había podido conseguir de Welwood.
Nuestro niño interior, de John Bradshaw.
Dentro y fuera del tarro de la basura, de Fritz Perls.
Hacer el amor, de Eric Berne.
Palabras a mi pareja, de Hugh Prater.
El amor inteligente, de Enrique Rojas.
Sonia, te envío los cuadernos café, de Adriana Schnake.
Te quiero, pero..., de Mauricio Abadi.
Vivir, amar y aprender, de Leo Buscaglia.
El amor a los 40, de Sergio Sinay.[4]

4. Welwood, John, *El viaje del corazón*, Los Libros del Comienzo, Madrid, 1995.
Bradshaw, John, *Nuestro niño interior*, Emecé, Buenos Aires, 1993.
Perls, Frederick S., *Dentro y fuera del tarro de la basura*, Cuatro Vientos, Santiago de Chile, 1975.

Tiró el abrigo sobre el sillón y se sentó ante la mesa para examinar su compra. Había sido bastante comedido. Diez libros era una cantidad razonable dados sus antecedentes.

Desde la época en la que le fascinaba leer filosofía política no había vuelto a tener uno de aquellos ataques de comprador compulsivo de libros. Sin embargo, en la librería había vuelto a tener aquella sensación que durante siete años lo invadió en todas las librerías en las que entraba: el interés, la curiosidad insaciable, la fascinación ante cada libro. Éste por el título, este otro por la cubierta, aquél por el autor y este de aquí porque al hojearlo parecía interesante.

Mientras los miraba apilados sobre la mesa, vírgenes de lectura, tenía la sensación de ser un pirata de cuentos contemplando embelesado un tesoro desenterrado.

Antes de abrir el libro de Welwood se tomó unos minutos para honrar el momento. Luego respiró profundamente y leyó:

Nunca como ahora las relaciones íntimas nos habían llamado a enfrentarnos a nosotros mismos y a los demás con tanta sinceridad y conciencia. Hoy, mantener una conexión viva con una pareja íntima nos pone frente al desafío de liberarnos de viejos hábitos y puntos débiles, y desarrollar todo nuestro poder, sensibilidad y profundidad como seres humanos.

Berne, Eric, *Hacer el amor*, Ediciones Alfa, Buenos Aires, 1975.

Prater, Hugh, *Palabras a mi pareja*, Cuatro Vientos, Santiago de Chile, 1973.

Rojas, Enrique, *El amor inteligente*, Ediciones Temas de Hoy, Madrid, 1997.

Schnake, Adriana, *Sonia, te envío los cuadernos café*, Editorial Estaciones, Buenos Aires, 1979.

Abadi, Mauricio, *Te quiero, pero..*, Ediciones Beas, Buenos Aires, 1992.

Buscaglia, Leo F., *Vivir, amar y aprender*, Plaza y Janés, Barcelona, 1989.

Sinay, Sergio, *El amor a los 40*, Editorial del Nuevo Extremo, Buenos Aires, 1994.

En el pasado, quien deseaba explorar los misterios más profundos de la vida se recluía en un monasterio o llevaba una vida ermitaña. En la actualidad, las relaciones íntimas se han convertido, para muchos de nosotros, en la nueva tierra indómita que nos coloca cara a cara con todos nuestros dioses y demonios.

Como ya no podemos contar con las relaciones personales como fuentes predecibles de comodidad y seguridad, ellas nos sitúan ante una nueva encrucijada en la que debemos hacer una elección crucial.

Podemos luchar por aferrarnos a fantasías y fórmulas viejas y obsoletas, aunque no se correspondan con la realidad ni nos conduzcan a ningún lugar o, por el contrario, podemos aprender a convertir las dificultades de nuestras relaciones en oportunidades para despertar y sacar a la luz nuestras mejores cualidades humanas: el darse cuenta, la compasión, el humor, la sabiduría y la valerosa dedicación a la verdad. Si elegimos esto último, la relación se convierte en un camino capaz de profundizar nuestra conexión con nosotros mismos y con las personas que amamos, y de expandir nuestro sentido de lo que somos.

¡Fantástico!

Abrió el libro por otro lugar al azar, esta vez en la página 132:

Todos los que emprendemos este viaje tenemos que aprender algo nuevo: cómo permitir que el compromiso evolucione de modo natural, con muchos vaivenes, avances y retrocesos.

Por lo tanto, la incertidumbre con respecto a nuestra capacidad de enfrentarnos a todos los desafíos que se presenten no es un problema: es parte del camino mismo.

En este aspecto, me alentaron las palabras de Chogyam

Trungpa, un maestro tibetano al que una vez le preguntaron cómo había logrado escapar de la invasión china arrastrándose por las nieves del Himalaya, con escasa preparación y provisiones, sin certeza sobre la ruta ni sobre el resultado de su huída. Su respuesta fue breve: «Puse un pie detrás del otro».

El libro prometía ser revelador.

Con la mitad de su atención en lo que hacía y la otra mitad en la lectura, puso en el microondas unas porciones de pizza que sacó de la nevera, abrió una lata de cerveza, fue hasta el escritorio y sacó un bloc blanco rayado del último cajón y un lápiz 2B que guardaba en el cajón de en medio, para tomar apuntes rápidos.

A medida que leía se alegraba de lo que le estaba pasando. Hacía mucho que no se interesaba tanto en una lectura. ¿Era el tema? ¿Lo interesante del libro? ¿Lo sorprendente de la situación? ¿Sus fantasías sobre Laura? ¿Una combinación de todo aquello...?

No pudo parar de leer *El viaje del corazón* hasta el final, cuando Welwood termina diciendo:

Cuanto más profundo sea el amor que une a dos personas, mayor será su interés por el mundo en el que habitan. Sentirán su conexión con la tierra y se dedicarán a cuidar del planeta y de todos los seres sensibles que requieran su ayuda.

Alguna vez había coqueteado con la idea de estudiar psicología. Desde otro lugar aparecía nuevamente la fantasía, pero ahora cargada por Welwood del deseo de ser útil a los demás, un sentimiento que Roberto no pudo evitar registrar rápidamente como algo extraño en él.

La semana fue literaria. A Welwood lo siguió Berne y después Perls y Buscaglia. Después Schnake (sorprendente),

Abadi y Prater (de quienes ya había leído algo hacía unos años). Siguieron Sinay y después Rojas. Y, por último, Bradshaw, al que había ido postergando intuitivamente. Le costó leerlo (¡era autoayuda tan «a la americana»!), pero lo que Bradshaw mostraba era tan irresistible que Roberto decidió acompañarlo en su desarrollo.

Cuando llegó a la propuesta del autor de escribir un cuento que reflejara su historia infantil como un mito, se sentó delante de su ordenador y escribió de un tirón:

Había una vez, en un reino muy lejano, un príncipe que se llamaba Egroj.

El príncipe había sido concebido en un momento muy difícil de la vida de sus padres. Apenas nació el primogénito, el rey tuvo que irse a la guerra para defender el bienestar del pueblo amenazado por los reinos enemigos. Durante años, todo lo que el príncipe supo de él fueron algunos breves mensajes que los correos traían o que su madre le transmitía.

Por supuesto, como el rey no estaba, la reina tenía que hacerse cargo de los asuntos del gobierno y tampoco tenía tiempo para jugar con el príncipe.

A pesar de que Egroj tenía los juguetes más caros y sofisticados, sufría porque no tenía con quien compartir sus juegos.

El príncipe creció así: solitario y silencioso. Pasaba gran parte del día mirando por la ventana. Centraba siempre su mirada en el punto donde el camino del palacio desaparecía detrás de la arboleda. Imaginaba que veía salir de entre los árboles las banderas y estandartes reales. El pueblo entusiasmado salía al encuentro del ejército real y festejaba el regreso triunfal de sus hijos más queridos.

Se imaginaba a sí mismo saludando al rey desde su ventana y aplaudiendo con fervor el fin de la guerra, un hecho que le devolvería un padre y una madre.

Todas las tardes, cuando el sol caía, Egroj arrastraba por sus mejillas algunas lágrimas que llevaba hasta su lecho y secaba cada noche en su almohada.

Y, después, cuando Bradshaw propone ponerle un final al mito, Roberto añadió:

El tiempo pasó hasta que un día la reina abdicó. El príncipe no tuvo más remedio que sentarse en el trono de su padre y reinar.

Gobernó con justicia y bondad durante el resto de su vida.

Nunca abandonó el hábito de mirar por la ventana hacia la arboleda.

Su reinado fue recordado por la obsesión manifiesta del rey de construir constantemente más y más puentes y caminos.

Aquello era lo que siempre había hecho: intentar construir más y más caminos, más y más puentes, más y más rutas para que el afecto incondicional que buscaba llegara por fin a su corazón. Él tampoco había perdido nunca el hábito de mirar esperanzado al horizonte, por si acaso.

De algún modo, la relación con Laura era un nuevo puente. Esta vez se trataba de un puente sobre la realidad, un puente cibernético, un puente virtual, un puente hacia Laura.

Se dio cuenta de que durante toda la semana, entre trabajo y lectura, no había tenido ni un minuto para leer los mensajes. Guardó el cuento como «*Egroj*» y abrió una página nueva en el procesador de textos.

Querida Laura,

Motivado por ti he estado leyendo otra vez a Bradshaw, y animado por tus propuestas le he pedido a un paciente mío que haga el trabajo de transformar en un mito la historia de su infancia. El resultado de ese trabajo es este texto que me ha traído y que ahora te envío. Después cuéntame qué te ha parecido.

Besos.

Fredy

Ahora sí que abrió el administrador de su buzón de correo. Cortó el mensaje del procesador de textos y lo pegó en la ventana que se había abierto al pulsar «Redactar nuevo mensaje». Después pulsó el botón «Insertar» y seleccionó «Archivo». Buscó el documento titulado «*Egroj*» e incluyó el texto mediante el comando «Adjuntar». Inmediatamente pulsó «Enviar y recibir» y la pantalla tintineó mientras le avisaba que estaba enviando el mensaje. Cuando la operación finalizó, el ordenador desplegó un aviso:

«Hola, rofrago. Tiene cuatro (4) mensajes nuevos.»

Buscó el de Laura con el puntero e hizo doble clic sobre un mensaje titulado «*Aceptar las necesidades*».

Fredy:

El desencuentro entre nosotros me ha hecho pensar. A veces me cuesta tanto darme cuenta de lo que verdaderamente necesito...

Y lo peor es que la experiencia me confirma una y otra vez que cuando consigo contactar conmigo misma y transformo una necesidad en una acción, búsqueda, petición o lo que sea, el resultado suele ser satisfactorio.

Y entonces, ¿para qué? ¿Qué sentido tiene este odioso juego del escondite?

Quizás deberíamos dedicar una parte del libro a explicar cómo se genera esta falta de contacto con las propias necesidades.

Me gusta la explicación que utilizaste en el caso que expusiste en Cleveland: si de niños nos damos cuenta de que a nuestros padres no les gusta que pidamos más afecto, más contención o más presencia, probablemente aprendamos a esconder nuestras necesidades. Esto no es un cargo contra los padres. Quizás ellos no tengan la manera de darnos lo que necesitamos, simplemente porque no lo tienen ni para ellos mismos.

Pero, de todos modos, seguramente allí empezaremos a intentar no sentir nuestras necesidades como una estrategia para aliviar el dolor de la frustración.

Practicaremos durante años ese plan de supervivencia: intentar no registrar nuestras necesidades. Y quizás un día hasta nos identifiquemos con esta manera de ser. Entonces, ya no será una estrategia, sino nuestra personalidad. Yo no necesito nada, yo me las arreglo solo. Nos quedaremos fijados en este planteamiento y olvidaremos lo que somos realmente, lo que nos proporciona verdadera alegría, paz y gozo.

En ese momento, seguramente aparecerá aquello que Erich Fromm explica en su libro *Tener o ser*: creer que un coche nuevo, una casa más cara, el último desodorante o una cuenta con suficiente dinero nos van a hacer felices.

La sociedad de consumo nos vende la idea de que tener es la puerta; comprar, gastar y cambiar son las claves. Cuando estos conceptos estén configurados en nuestro sistema de creencias será fácil manipular nuestra conducta con ellos. Sin embargo, en cuanto obtengamos lo deseado nos daremos cuenta de que no es suficiente tener «eso», y rápidamente la publicidad nos sugerirá otra cosa para que sigamos intentándolo por el camino equivocado.

Debería llegar el día en que podamos parar y comprender que no es ese el camino. Es el momento de buscar dentro de nosotros, de volver a escucharnos. Pero no es tan fácil.

Hemos olvidado cómo hacerlo y muchas veces tendremos que pedir a alguien que nos ayude a volver a saber quiénes somos, que nos incite a recuperar la sabiduría que teníamos de niños, cuando podíamos reír y jugar sin parar.

Yo creo que esa debe ser, en el fondo, nuestra verdadera propuesta: un estímulo para que todos nuestros lectores trabajen el desafío de recuperarse a sí mismos. Un camino para permitir que el ser se manifieste y encuentre el lugar donde expresarse en su relación con el otro.

Hablemos del desafío de aprender a escucharnos, a tenernos en cuenta, a mirarnos como nuestros padres no supieron hacerlo, al lado de la persona amada.

Es muy doloroso necesitar y no obtener lo que se necesita, y este es el principal problema. Nadie quiere sentir el dolor de necesitar algo y no tenerlo. Pero ese dolor es la única salida para poder descubrir mis verdaderas necesidades, y sólo si las encuentro podré después (¡después!) satisfacerlas. Porque si nos resistimos a sentirnos vulnerables, cada vez nos endureceremos más y nos alejaremos de la posibilidad de averiguar qué necesitamos.

Y, además, por este camino cerramos también nuestra capacidad de recibir.

Hay que tener en cuenta que, probablemente, esta estrategia de no sentir nos fue útil durante la infancia. Quizás fuera más que inteligente no sentir una necesidad que en realidad no podíamos satisfacer.

Pero como adultos podemos darnos nosotros mismos lo que necesitamos, o buscar a las personas adecuadas a quienes pedírselo. Ya no dependemos de nuestros padres.

Me encantó la frase con la que una vez terminaste uno de tus mensajes de correo electrónico: «Somos vulnerables pero no frágiles. Somos muchos los que no nos damos cuenta de esto».

No hay intimidad con estrategias. Con ellas no podemos sentir. Alcanzaremos nuestras metas, sentiremos el placer de dominar a otro o de conquistarlo, lograremos que otro nos mire. Pero eso no tiene nada que ver con el verdadero encuentro, con la intimidad, con el amor.

En nuestra relación deberíamos dejar espacio para el dolor y la confusión que aparecen cuando desarmamos nuestras estrategias. Ese es el camino a casa, el camino del encuentro con otro ser humano. El camino del amor.

¿Estarás de acuerdo?

Laura

¿Cómo no iba a estar de acuerdo?

Laura hablaba con su lenguaje, con sus ideas, casi con sus sentimientos. Ella ponía en palabras lo que a él le hubiera gustado aprender a decir.

Él sabía cuáles eran sus necesidades: necesitaba encontrar a una persona capaz de construir con él el camino de regreso a casa.

¿No era increíble que ella le estuviera enviando un mensaje que terminara con esa propuesta cuando él le acababa de mandar un cuento sobre un príncipe que construía caminos para ver llegar por ellos a los que amaba?

Capítulo 8

Al releer aquellos primeros mensajes recibidos meses atrás volvió a enfadarse por no haber guardado también los anteriores cuando llegaron a su buzón. Allí debía estar la información que necesitaba para saber cómo se había generado la idea de intercambiar correspondencia y poder seguir con el juego de ser Fredy con menos riesgos.

Pensó que podría pedir a Laura una copia de todas aquellas cartas. Al parecer, Fredy era bastante despistado, y cabía perfectamente la posibilidad de que hubiera extraviado los mensajes anteriores. Lo más razonable era, entonces, pedírselos a Laura, que con toda seguridad los tendría archivados.

Laura,

Respecto al mensaje que me has mandado, ¿quién podría no estar de acuerdo?

Me encanta la descripción que has hecho de la conducta defensiva neurótica que a veces utilizamos para esconder necesidades y emociones.

Mientras la leía pensaba que, aunque yo no supiera nada sobre parejas o terapias, habría disfrutado de todos modos de esa claridad de ideas.

De hecho, he estado revisando los mensajes para regodearme en lo que ya llevamos escrito, y me he enfadado muchísimo al darme cuenta de que, por accidente, parece que se me han perdido los primeros correos que intercambiamos.

¿Podrías enviarme una copia de aquellos mensajes? Me encantaría tenerlos a mano. (Prometo no volver a perderlos.)

Aprovecho para consultarte esto: tengo una carta de una colega de España diciendo que nos escuchó en Cleveland y me escribe porque quiere que le recomiende bibliografía sobre parejas. Dice haber leído *El viaje del corazón*, de Welwood y todo lo editado en castellano e inglés de Perls y Bradshaw. ¿Qué otros libros le recomendarías?

Sigo pensando que nuestro libro va a ser fantástico.

Contéstame pronto.

Te mando un beso.

Fredy

P.D.: ¿Qué te ha parecido el trabajo del mito infantil de mi paciente?

Roberto siguió leyendo los libros y relacionando lo que aprendía con los mensajes anteriores. No tuvo respuesta durante toda una semana, pero curiosamente no se inquietó. El domingo por la tarde le llegó un larguísimo mensaje de 140 KB que se titulaba «*Historia antigua*».

Fredy,

Con la excusa de enviarte la copia de nuestra correspondencia, he aprovechado para volver a leer lo que nos escribíamos hace catorce meses. (¿Te has dado cuenta de que ya ha pasado más de un año?)

¡He disfrutado tanto! A ratos todo era tan ingenuo que me costaba creer que fuéramos tu y yo los que nos escribíamos. De hecho, todavía me llamabas Licenciada Laura Jorsyl.

El primero me lo enviaste desde el avión que te traía a Buenos Aires apenas nos separamos en Estados Unidos. Tú volvías en el mismo vuelo con nuestro amigo Eduardo y yo viajaba a Nueva York, ¿te acuerdas?

Licenciada Laura Jorsyl:

¡Qué bien ha estado nuestro encuentro en el congreso! La idea de seguir trabajando y escribiendo juntos me ha dejado sin poder conciliar el sueño hasta las tres de la madrugada.

Tú sabes —o yo espero que lo sepas— cuánto valoro tu trabajo y tus conocimientos.

Cuando me dijiste que tú también llevabas tiempo pensando en escribir un libro sobre parejas sentí que se me erizaban los pelos de la nuca. Estoy escribiendo esto y no puedo dejar de pensar que, de alguna manera, nuestra relación reproduce la historia y las dificultades de cualquier pareja.

Quizás constituir una pareja terapéutica no es más que un matiz de lo que significa constituir, o como lo expresamos en nuestra conferencia, construir, cualquier pareja.

Al principio, algo de todo lo que tenemos en común me atrae y me deleito pensando en compartir lo que ambos tenemos. Sin embargo, como tú y yo sabemos, pronto aparecen las diferencias.

En las parejas esto transforma aquella sintonía en atracción enamoradiza o en repulsión. ¿Cómo será entre nosotros? ¿Qué pasará cuando nuestras diferencias comiencen a aparecer? ¿Seremos capaces de transformar estas diferencias en el pasaporte que abra la puerta de tu crecimiento y del mío?

No lo sé. Por ahora, Laura, me atrae tanto la idea de trabajar y de escribir juntos que me propongo quedarme enamorado de la idea, enamorado del proyecto, enamorado de la fantasía sobre lo que todo este encuentro puede potenciar en mi propia vida personal y profesional.

El avión está a punto de despegar y el comandante acaba de decir que los aparatos electrónicos deben apagarse antes del despegue.

Te mando besos y mi enorme gratitud por haberme invitado a hacer la presentación contigo en Cleveland.

Fredy

Te contesté apenas recibí tu mensaje.

Querido Fredy,

¡Me siento tan llena de todo lo que ha pasado en el congreso! Me ha encantado que vinieras.

La presentación de nuestro trabajo fue como una danza. Salías tú a responder o salía yo sin haberlo planeado. La cosa fluía más allá de una decisión consciente.

A veces me asusta que seamos tan diferentes, pero cuando nos ponemos a trabajar nos armonizamos increíblemente. Yo estoy entusiasmadísima con el proyecto del libro. Lo siento como una gran aventura que puede transformarnos a ambos y, quizás, también a nuestros lectores.

Yo también me apasiono con la idea. Imagínate: estoy aquí en Nueva York y me ha apetecido más quedarme en el hotel para contestar a tu mensaje que salir a pasear.

Tengo una habitación con espectaculares vistas al Hudson. Me podría quedar todo el día en silencio, escribiendo y mirando el agua.

Cuando dices que estás enamorado de la idea, siento que se me abre el pecho y me lleno de entusiasmo. Es verdad lo que me has dicho alguna vez, que las palabras son transformadoras. Lo siento leyendo tu mensaje, y por eso quería escribirte ahora: para hacerte partícipe de lo que estoy sintiendo.

Sabemos que el enamoramiento dura poco, como les decimos habitualmente a las parejas que tratamos. Después vienen las dificultades, pero yo estoy dispuesta a atravesarlas. Cada vez que nos complicamos encontramos la manera de salir. Quizás eso es lo que deberíamos explicar a nuestros lectores. Nos pasan las mismas cosas que ocurren dentro de las parejas, y es muy doloroso no poder entenderse. Pero, después de atravesar esa situación, la relación se hace más sólida y los dos crecemos.

Yo me concentro en los problemas, como pasa siempre. Tú pones la parte más simpática y atractiva, y yo voy a lo difícil, al conflicto. Pero esto está bien: es nuestra manera de complementarnos.

Siempre es igual. Por eso me encanta que hagamos cosas juntos. Tú dices las mismas cosas que yo de una manera divertida y la gente lo entiende mejor. Pero me parece importante hablar de cómo a veces nos potenciamos negativamente. También podemos salir de eso, sobre todo ahora que estamos en un buen momento.

Mi defecto neurótico es que todo lo quiero ya. Me pongo ansiosa y te persigo. Entonces tú tomas distancia y eso me pone aún peor. Yo quiero más y tú cada vez pones más distancia.

Cuando me doy cuenta y me aparto de ti, tú buscas el contacto. Yo me ablando y entonces tú te acercas más, y yo me ablando aún más y todo fluye de nuevo.

Volviendo al congreso, no imaginé que nos darían tanto apoyo. Cuando te pidieron que cerraras el congreso con el relato que habías expuesto en nuestra presentación, no me lo podía creer. Y cuando te vi allí de pie frente a quinientas personas de todo el mundo aplaudiéndote emocionadas después de contar tu cuento en inglés, me recorrió un escalofrío por la espalda. «Este tipo no puede ser de verdad», pensé...

Besos,

Laura

El siguiente me llegó poco antes de volver a Argentina.

¡Qué envidia, Jorsyl!

Yo ya estoy en Buenos Aires y hace un frío de junio. Me encantaría haberme quedado unos días más descansando en Estados Unidos, pero bueno, ya sabes: los pacientes esperan.

El martes, en cuanto llegué, Joaquín, mi primer paciente, me reprochó que me hubiera ido durante una semana en esta época del año... Él también me envidiaba.

Nunca hablamos de esto. ¿No crees que la envidia también genera roces en la pareja?

Pensaba decirte «... en algún momento te contaré», pero qué mejor momento para las cosas que el momento en que suceden.

Para mí no existe esa tontería de la envidia «sana» y la envidia «mala».

Así te envidio: a mí también me encantaría estar en Nueva York, y me encantaría además que tú pudieras quedarte todo el tiempo que te apeteciera.

Disfruta mucho y no te portes bien.

No olvides que somos vulnerables pero no necesariamente frágiles.

Besos,

Fredy

Te contesté enseguida.

Querido Fredy,

Estoy en el aeropuerto a punto de subir al avión que me lle-
vará a Buenos Aires. Tengo ganas de volver.

Me ha hecho mucho bien este viaje. De vez en cuando
necesito retirarme de mi vida, de mi familia y de mis pacientes, y vuelvo con muchas ganas.

Estaba pensando en el concepto de los diferentes momentos del contacto que planteaban Bob y Rita Resnick sobre lo importante que es respetar nuestra necesidad de contacto y de retirada para volver a encontrarnos. Lo que ella
planteó sobre la etimología de la palabra *relationship* (que significa «relación» en castellano), que significa «habilidad para
encontrarse de nuevo».

Para mí, mi relación con Carlos es muy importante. Nos
echamos de menos y nos encontramos desde otro lugar. Yo
llego llena de cosas nuevas y esto retroalimenta la relación.

Al principio de nuestro matrimonio, a mí me costaba
mucho que él se fuera de viaje. Él suele irse tres o cuatro
veces al año por su trabajo. Pero ahora lo tomo como una
oportunidad para tomar distancia y volver a encontrarnos.

Una vez más asocio este aprendizaje con mi madre. En
cierto modo, ella fue la primera que me enseñó esto (como tantas otras cosas). Uno puede separarse durante un

momento sin dejar de amarse con todo el corazón. Me parece importante incorporar esto.

A veces las parejas no se dan permiso para separarse por miedo al aislamiento o a sentirse solos.

Yo creo que esto es parte de la relación. Sentirme durante una semana como una mujer sola en el mundo me devuelve el contacto conmigo misma.

Aquí no soy una madre o una esposa o una psicóloga. Sólo estoy yo en el mundo, con mi tiempo para mí, y es un encuentro conmigo misma que me renueva y me hace sentir más viva que nunca.

En algunos momentos no es fácil. Ayer, mientras caminaba por el Museo de Arte, de repente sentí ganas de compartir mis sensaciones con Carlos. Pero es un desafío interesante.

Por la noche salí a cenar con un amigo americano que conocí el año pasado en un *workshop* de Welwood, pero me porté muy bien a pesar de tu deseo.

Es hora de subir al avión. Nos vemos en Buenos Aires. ¡Ah! Y no me llames más Licenciada Jorsyl, porque suena demasiado profesional. Prefiero ser Laura, o Lau, o L, como soy para todos.

Besos,

Laura

Laura,

Supongo que en este momento estás volando hacia Buenos Aires.

Cierro los ojos y te imagino sentada en una butaca de Primera Clase dormitando. (¿Por qué en clase ejecutiva? Debe ser porque creo que eres una chica «con clase»...)

Yo también estoy muy orgulloso de lo que pasó en el congreso y tu idea de compararlo con una danza me deleita.

Si estiro un poco la frase encuentro que todas las relaciones interpersonales deben serlo. Claro que hay danzas y danzas. Algunas son armónicas, estéticas y sincronizadas; otras, extrañas, incomprensibles para cualquiera que no sea uno de los bailarines. Muchas son comunes y estereotipadas, casi siempre aburridas y rutinarias; unas cuantas son originales, creativas e irreproducibles.

Algunas están diagramadas para satisfacer al auditorio; otras, para el placer de los participantes; las menos, para el deleite de todos.

Muchas viven atadas rígidamente a la coreografía que impone el momento, las costumbres, la cultura; y otras, por fin, son verdaderas improvisaciones expresivas que transmiten la vibración de los que danzan al ser impactados por cada acorde y al dejarse fluir por el movimiento que brota desde su interior.

Sí. Cada pareja es una danza.

Venga, Laura, hagamos de este encuentro una sociedad, un dúo, una máquina, un sistema, una yunta, un equipo, una pareja. Atrevámonos a mostrar desde nosotros mismos las cosas que ocurren en cualquier pareja, ya sea una pareja amorosa, un par de amigos, dos hermanos o dos cualesquiera —tú y yo— que son capaces de elegirse sin necesitarse, por el sólo placer de hacer algo con esa otra persona, y potenciar desde ahí lo mejor de cada uno...

Me encantaría que nosotros pudiéramos contar con tu lucidez, con tu coherencia, con tu experiencia, con tu dedicación, con el aprendizaje vivencial que han dejado en ti las cosas que has vivido. Si es cierto que yo puedo aportar lo que tú dices de mí, un libro que escribamos sobre parejas podría ser útil y trascendente.

Pienso que el tema a decidir sería la forma de hacerlo. No

es fácil para mí componer en mi cabeza si estoy escribiendo con alguien.

Mi escritos anteriores me «salieron»; yo no recuerdo haberlos escrito. De hecho, siempre discuto cuando alguien me explica algo que hay que escribir. Nunca he podido hacerlo.

Me lleva semanas o meses escribir cada uno de mis artículos, el tiempo que consumo en ir reuniendo esos momentos en que salen de mí las cosas que después aparecen en la pantalla del ordenador. ¿Qué tengo que hacer, entonces, para escribir este libro contigo?

No lo sé. Por ahora creo que podemos seguir intercambiando esta correspondencia electrónica y ya se nos ocurrirá algo. ¿Qué te parece?

Contéstame pronto.

Besos,

Fredy

Fredy,

Quería hablarte sobre la pareja que me has enviado. Él plantea que quiere estar solo. Hace mucho que se obliga a ser de una manera para que ella no se enfade.

Ella actúa como una madre que le dice lo que tiene que hacer y él busca su aprobación todo el tiempo. Ha llegado a un punto en que se siente muy mal y quiere separarse.

El problema aquí es que él no puede decir: «Este soy yo, esto es lo que me pasa a mí, esto es lo que quiero». No puede hablar y se retira afectivamente.

Ella se vuelve mucho más exigente, se desespera y esto a él le asusta. Entonces se vuelve aún más introvertido.

La terapia debe ayudarle a expresar todo lo que le ocurre. Si para estar con otro tengo que renunciar a ser yo mismo, la cosa no va a funcionar. Esta es una premisa esencial para las parejas.

Como a él le cuesta mucho hablar, yo le ayudo a que le pierda el miedo a ella y a que se dé permiso para decir lo que necesita. Está lleno de rabia por haberse sometido durante tanto tiempo. Mediante la terapia, voy a ayudarle a exteriorizar toda esa rabia, y posiblemente entonces haya de nuevo lugar para el amor.

El trabajo de ella consistirá en adentrarse en sí misma. Por eso quiero que venga sola. Ella lo ve con ojos exigentes, esperando una respuesta, y él se inhibe. Ella lo mira todo el tiempo esperando que diga algo, y él se siente acorralado y se calla. Si ella aprendiera a centrarse en sí misma, él se sentiría menos acosado.

Lo positivo es que él quiere venir. En cada sesión le pregunto si quiere volver otra vez para que asuma la responsabilidad del encuentro y para que no se sienta presionado.

En la última sesión hablamos sobre el sistema que tienen y ambos acordaron que es así y no saben cómo salir de él. Él le tiene miedo, y por eso se somete. Este es el problema de muchos hombres que se someten por miedo a las mujeres y luego se aíslan afectivamente.

En estas situaciones, el camino terapéutico es el de ayudarles a enfrentarse a la mujer en lugar de someterse o huir. Welwood dice que muchos hombres no tuvieron un buen modelo para salir de las garras de su madre y repiten la situación con sus parejas. En estos casos, la terapia debe ayudarles a enfrentarse, a tomar conciencia de que pueden ser ellos mismos y estar con una mujer al mismo tiempo.

El problema es que la disyuntiva queda planteada así: para ser yo mismo tengo que estar solo; si quiero estar en pareja tengo que someterme.

¿Cuál es el camino para que yo pueda ser yo y estar con otro al mismo tiempo?

Cuando los hombres sienten que no pueden con una mujer, huyen, se retiran física o emocionalmente, y se desconectan de la misma. Esto genera en ella mucho dolor, se vuelve más exigente y reclama, lo cual hace que el hombre se retire aún más y se forme un círculo vicioso en el cual se van alejando cada vez más. Un ejemplo: el otro día, durante una sesión, él contaba que tenía muchas ganas de cenar con ella, de pasarlo bien... Y cuando la llamó para invitarla, ella empezó a hablarle de que su madre le había contado a su tía que ella no lo estaba cuidando, y a ti qué te parece, etcétera. En aquel momento él se sintió sin opción. Se sintió obligado a responder de la manera que ella esperaba, es decir, dándole la razón aunque ni siquiera le interesaba el tema. Entonces decidió colgar y no encontrarse con ella. Cuando vinieron a la sesión, él me explicó lo sucedido. Yo le dije: «¿Qué hubiera pasado si le hubieras dicho que tenías ganas de estar con ella y no de hablar de ese tema? ¿Qué hubiera pasado si le hubieras dicho que dejara ese tema para otro momento?» Y él dijo: «No me atreví a decírselo». Entonces le pregunté a ella cómo hubiera reaccionado ante una respuesta así de él. Y ella dijo: «A mí me hubiera encantado que me ayudaras a cortar con aquel tema y haber podido pasar una buena noche contigo».

En mi opinión, el trabajo terapéutico de los hombres es aprender a decir a las mujeres lo que les pasa, y especialmente lo que les pasa delante de ellas. Una mujer agradece mucho a un hombre que se abra en lugar de huir, del mismo modo que un hombre agradece a una mujer que se abra realmente en lugar de estar diciéndole cómo tiene que actuar, que ser, etcétera.

Me gustaría conocer tu punto de vista, ya que tú también los conoces.

No he recibido ningún mensaje tuyo, tal como dijiste.
Vuelve a mandármelo y prometo contestar enseguida.

Laura

Hola, Laura,

Aquí estoy, esta vez subido a un avión y volviendo de nuevo
a Buenos Aires. España está cada vez más hermosa. La presentación del trabajo en Granada ha sido muy emocionante,
pero una de las cosas que me ha conectado contigo y con
Argentina ha sido darme el lujo de anunciar en un reportaje
la futura publicación de nuestro libro sobre parejas en España (¿qué te parece?).

En cierto modo, estar en Andalucía es como estar en casa,
pero a veces también parece otro universo, no sólo otro país.
Quizás debido a los cuarenta años de franquismo en España,
o más probablemente debido a los cuarenta años de psicologismo en Argentina, ellos y nosotros hemos crecido en rum-
bos muy diferentes.

Nunca deja de sorprenderme el grado de represión sexual que se percibía hasta la decada de los noventa, en algunos españoles (no hablemos de Madrid ni de Barcelona,
ciudades cosmopolitas donde las haya). Hablo del español na-
cido antes de los años cincuenta en el resto de la península
(y hablo mucho más del español que de la española). El tabú
se enuncia en algunos de ellos con palabras que en Argentina
casi nunca escuchamos, como no sea en boca de alguna abue-
la anacrónica o de un exaltado predicador de sectas pseudo-
cristianas. Fantasías sexuales, por ejemplo, que son vividas
con tanta culpabilidad que el castigo autoinfligido es la
certeza de ser condenado (me refiero al infierno, claro). En
el diálogo interno de estos hombres, la conciencia no dice:

«Esto está mal... no lo hagas». Solo sentencia: «¡Te condenarás! ¡ Condenarás tu alma y la de tu descendencia!» (Y esto es sólo por los malos pensamientos.)

El caso es que he hablado de nuestro libro con algunos colegas, sobre todo con Julia Atanasópulo (una psicóloga que fundó en Granada el Centro Andaluz de Psicoterapia Gestáltica). Nuestras propuestas y posiciones, así como las de Welwood, les sorprendieron al principio y les fascinaron después.

En cierta medida personal y profesional, ellos siguen creyendo en la pareja ideal, en el placer permanente y en el enamoramiento perpetuo. Cuando se dan cuenta de que no lo tienen, lo buscan, lo exigen, lo prescriben o se resignan.

Ha sido muy interesante.

Cuando llevaba una semana en Granada, Carmen, mi esposa, llegó a la ciudad para pasar unos días con nosotros y volver conmigo a Buenos Aires. Hacía unos tres años que Julia y Quique (su marido) no nos veían juntos.

Carmen estaba maravillosa. Había pasado tres días en Madrid con unos amigos y había viajado después a Granada.

La pregunta de Julia fue:

—Oye, ¿tú estás bien con Carmen?

—Sí —dije—. Fantástico.

—¿Seguro? —preguntó.

—Sí —afirmé—. ¿Por qué?

—Os noto distantes...

—¿Distantes? —pregunté.

—Sí: fríos, independientes, raros.

Yo no contesté, pero me quedé pensando.

En cierto modo es verdad: Carmen y yo hemos crecido mucho desde la última vez que les vimos y el crecimiento no ha sido más de lo mismo. Durante este tiempo, una vez más, Carmen ha sido la generadora de mi desarrollo personal. Miro hacia atrás y me veo a mí mismo hace años: tan dependiente, tan barroco, tan pendiente y, por ende, ¡tan exigente!

En un café en Ramos, Carmen se puso muy seria y, como quien debe dar una fatal noticia, me dijo:

—Quiero empezar a estudiar una carrera universitaria.

Te confieso que me pareció una declaración banal.

—Ah, ¿sí? —dije, displicente.

—Sí —dijo Carmen—. Quiero estudiar psicología.

—Bueno —dije. Y un nudo extremadamente atávico me cerró la garganta. Cien mil acusaciones que empezaban con «necio, bruto» y terminaban con «fascista, machista y retrógrado» quedaron en silencio mientras mi boca añadía:

—¿Está decidido?

—¿Te fastidia? —preguntó Carmen, que sabía la respuesta.

—Sí —dije.

Durante las siguientes cuarenta y ocho horas no pudimos seguir hablando. Carmen intentaba acercarse y sacar el tema y yo lo rehuía. Yo, terapeuta supuestamente esclarecido, asesor de parejas, profesional de la salud, no sabía qué iba a ser de mí.

Hoy escribo sobre ello y me avergüenzo, pero así fue. Durante años, Carmen se había ocupado de todo, menos de mi trabajo. Durante esos veinte años ella resolvió los temas de administración, de la casa, de los impuestos, de los niños, los mecánicos, las vacaciones, la vestimenta, las invitaciones y la familia política. Y ahora yo sabía que ya no iba a ser igual.

Yo siempre podía hablar con algún amigo y organizar una cena, una salida o un viaje, sabiendo que Carmen no tendría ningún inconveniente. Y de repente aquello había terminado.

Era muy fuerte.

Muy irritante.

Muy triste.

Al cabo de una semana, hablamos.

Yo estaba todavía muy conmocionado. Me acordaba durante todo el tiempo de mi paciente Juan Carlos, cuya esposa le dijo que quería volver a trabajar. Él le contestó: «¿Por qué? ¿Qué te falta? ¿Por qué necesitas salir a trabajar?». Y, en realidad, en el consultorio estaba confesando que no podía creer que su compañera no tuviera suficiente con su papel de esposa. ¿Sería aquello lo que me molestaba?

El tiempo demostró que no era eso.

El tiempo demostró que, una vez más, Carmen estaba ayudándome a liberarme de mis aspectos más oscuros.

El tiempo demostró que se puede crear una relación con quien amas desde cientos de lugares diferentes.

«Cada pareja monta su propio circo», como tú siempre dices.

He aprendido a vivir en esta diferente relación de pareja. He aprendido a disfrutar de algunos placeres olvidados, como viajar solo. Vuelvo a disfrutar del alivio de no cargar con la pareja y he dejado de lamentar el reclinar mi peso sobre Carmen.

Es cierto: han pasado casi tres años desde entonces y todavía la echo de menos de vez en cuando. Añoro a la Carmen que fue y que, a pesar de todo, ya no decidirá por mí.

Gracias por escucharme.

Fredy

Querido Fredy,

He estado pensando en muchas cosas durante estas semanas, pero no sabía cómo comunicarme contigo.

Ante todo, debo decirte que nos han enviado una carta del congreso de Cleveland en la que nos felicitan por la clasificación que obtuvimos en nuestra presentación. Los participantes tenían que valorarnos de 1 a 5, y ¡hemos obtenido un promedio de 4,8! ¿Qué te parece?

De paso, nos invitan a publicar el trabajo en el *Gestalt Journal*. Yo ya les he enviado una contestación diciendo que estamos interesados y que nos comprometemos a enviar el material antes de 15 de octubre.

¡Qué bien que el libro también se publique en España! Volver a contactar contigo me da muchas ganas de escribir.

También he estado pensando mucho en lo que me has explicado sobre tu relación con Carmen o con «las Cármenes» que has ido conociendo en tu camino. Creo que la cuestión consiste en descubrirnos a nosotros en todo momento, observando cómo somos. Es decir, no esperar que nosotros ni nuestras parejas vayamos a ser los mismos, sino aceptar que esa persona que está a nuestro lado puede sorprendernos en cualquier momento, y que nosotros también podemos sorprendernos porque podemos ser diferentes. Cada vez más, creo que la identidad es algo que nos hemos inventado y que nos hace sufrir. Voy a pensar y a escribir sobre ello.

Durante este mes me han pasado dos cosas en este sentido. En Cariló estuve leyendo el último libro de Milan Kundera, titulado *La identidad*.[5] Desde una postura posmoderna, Kundera llega a las mismas conclusiones que Welwood desde el budismo. *La identidad* habla de una relación de pareja. En varias ocasiones, los personajes se preguntan por su propia identidad y la del otro. Nunca saben quiénes son ni quién es el otro, pero siguen buscándose y huyendo el uno del otro, como hacen todas las parejas. Por su parte, Welwood nos anima directamente a alejarnos de la idea del ego.

5. Kundera, Milan, *La identidad*, Tusquets Editores, Barcelona, 1998.

Me entusiasma la idea de descubrirme a mí misma en todo momento, de sorprenderme ante las actitudes de Carlos. Me gusta dar espacio para lo nuevo todo el tiempo.

Te mando un beso.

Laura

P.D.: Tengo ganas de saber de ti.

Supongo, Fredy, que todo lo que sigue lo debes tener. Al volver a leer todas estas cosas me pregunto también qué habrá pasado con aspectos de tu vida de los que nunca más me has hablado.
Termino este mensaje como el de hace más de un año.

Tengo ganas de saber de ti.

Besos,

Laura

Roberto debía tomarse un tiempo para metabolizar toda aquella información. La situación cada vez era más comprometida: era imprescindible diseñar un perfil de Fredy más acabado para evitar que Laura lo descubriera todo.
Pulsó la opción «Contestar» y respondió a Laura.

Laura,

Gracias por hacerme llegar estos pedazos de nuestra biografía. Aunque no lo creas, los he leído con la sensación de acceder a ellos por primera vez.

Me pregunto si hemos cambiado tanto como para que lo dicho me suene extraño. ¿No es increíble?

De algún modo, es refrescante. Me siento como una persona nueva y tengo la misma sensación que si nuestro vínculo acabara de empezar hoy mismo. Te estoy muy agradecido. Además, hoy te agradezco especialmente que seas la testigo que me ayuda a reconstruir algunos pasajes perdidos de mi historia reciente.

Besos,

Fredy

P.D.: Me falta la lista de los libros para la colega de España y el comentario del cuento. ¿Me los envías?

CAPÍTULO 9

Mail delivery error.

Aquel era el nombre del primer mensaje de su buzón. Algunas veces pasaba. La culpa era de MINCE, que le obligaba a trabajar más.

MINCE era su denominación para aquella entelequia cuya existencia era tan incuestionable como injusta. Su nombre lo había construido a partir de las iniciales de las palabras con las que él explicaba aquellos fenómenos insoportables: que se perdiera el *e-mail* más importante, que se borrara la respuesta más urgente o que apareciera con un texto similar a:

Querido Roberto,
Te escribo para contarte algo muy importante.
Resulta que cua

Y cuando bajaba por la página interminablemente blanca de la pantalla, no encontraba nada. O, peor aún, que el mensaje de un querido amigo que se encontraba de viaje en Kiev dijera:

Rober:
3=@##+=(desc)\]][+x+**.""{{ç6
| —¿kj3."!@@||#.jalá me comprendas.

O, como ahora, un mensaje enviado según las reglas que volvía inexplicablemente a su origen.

MINCE: La Maldad Innata Natural del Ciber Espacio.

Pensó que el mensaje devuelto debía ser el último que había enviado a Laura. ¡Uf! Ahora tendría que recuperarlo, recortarlo, pegarlo y reenviarlo...

Hizo doble clic sobre el icono del sobre cerrado y el programa mostró el mensaje. Roberto entrecerró los ojos para focalizar su mirada en el *e-mail* que había aparecido en la pantalla.

Algo estaba mal, muy mal.

Cerró el archivo y volvió a abrirlo. El ordenador repitió la operación mostrando el mismo mensaje. Roberto no entendía nada: el mensaje devuelto no era suyo. Decía:

Querida Laura,

Aquí estoy, de vuelta en Argentina. Esta vez la ausencia ha sido larga. A mi regreso he encontrado tus mensajes. ¡Muy bien!

La verdad es que el trabajo que has hecho me parece maravilloso. No te enfades conmigo por la falta de respuesta. Trataré de compensarte en lo que queda de año. No sé por qué me has enviado una copia de los mensajes anteriores, porque ya los tengo. De todos modos, me ha gustado leerlos.

Un beso,

Alfredo

Roberto leyó el encabezamiento del mensaje. Decía:

This mail has been returned for
irrecuperable error (Error=4587)
from <rofrago@yahoo.com>
to <carlospol@spacenet.com>

Releyó letra por letra: *rofrago@yahoo.com*

El mensaje había sido enviado desde su buzón. Se sintió confuso y sorprendido.

Algunas ideas mezcladas con delirios paranoides y fantasías mágicas pasaron rápidamente por su cabeza y fueron descartadas definitivamente. Debía haber una explicación lógica, pero ¿cuál?

El mensaje era de Alfredo e iba dirigido a Laura.

—No puede ser —dijo en voz alta, como acusando a su ordenador—. Debe haber una explicación —afirmó.

Hasta aquel momento, Roberto había pensado que Laura no tenía la dirección electrónica correcta de Alfredo y por ese motivo él recibía sus mensajes. Pero, ¿y si no era un error de Laura?

Todo sucedía como si la dirección de Alfredo fuera realmente *rofrago@yahoo.com*... Pero aquello era imposible.

¿Sería MINCE tan poderosa como para generar una situación como aquella? Un servidor no bloquea una dirección asignada y un solicitante en alguna parte del mundo termina eligiendo el mismo nombre que otro...

O dos personas intentan registrarse en el mismísimo momento y con idéntico nombre: obviamente, el ordenador de distribución busca en sus archivos, encuentra la dirección libre y, automáticamente, acepta el registro de ambos...

O los nombres de dos cuentas realmente sí tienen diferentes titulares, pero de todos modos los buzones se han superpuesto...

O...

Fuera como fuera, la única explicación posible era asumir que Alfredo y él estaban compartiendo una misma dirección electrónica. Ahora recordaba que algunas veces había recibido información, publicidad o suscripciones en su correo, y las había descartado pensando que se trataba de *spam mail*.

Está usted recibiendo esta información porque ha registrado su dirección o alguien la ha registrado para que usted acceda a estos datos. Para no volver a recibir esta información envíe un mail en blanco a la siguiente dirección: unsuscribe@...

¿Cuántas veces había borrado las suscripciones del pobre Alfredo de cosas que quizás le interesaban? Recordó la última vez que había recibido un mensaje de ese estilo. Él ya había enviado tres veces el solicitado «mensaje en blanco», pero los mensajes seguían llegando, así que envío una nota en grandes caracteres que decía:

PLEASE STOP MAILING ME!!!

Alfredo debía estar suscribiéndose una y otra vez y él lo borraba incesantemente. Tenía gracia.

Pero la sonrisa que había empezado a asomar a sus labios desapareció rápidamente: si compartían la dirección, Alfredo también recibía los mensajes dirigidos a él.

Ahora entendía por qué nunca conseguía que le enviaran los libros y CDs que compraba por Internet. Claro: cuando la empresa vendedora pedía la confirmación del pedido, Alfredo rechazaba la compra. Qué hijo de p...

Pero, entonces, los mensajes de Laura también debían haber sido recibidos por Alfredo. Otra vez volvía a estar sobre la mesa la amenaza de que todo se descubriera. Temblando, bajó por la lista de correo deseando por primera vez que no hubiera ningún mensaje de Laura.

Pero sí que había. No uno, sino dos mensajes.

Querido Fredy,

Debemos darnos cuenta de que, tal como sucede con nuestros pacientes, no somos los mismos para siempre. De hecho, me parece que este intento de seguir siendo los mismos, lejos de promover el encuentro, lo impide.

Esto está relacionado con lo que te dije de la identidad. He estado pensando mucho en este tema.

A partir de las frustraciones inherentes a la educación, solemos creer que no somos valiosos o dignos de ser amados tal como somos, y entonces nos vemos empujados a crear una identidad a la medida de aquellos por los que nos sentimos rechazados: nuestros padres.

Esta identidad no es suficiente para que nos aplaudan, así que creamos una segunda identidad compensatoria que dará lugar a una tercera, y a una cuarta, y a todas las necesarias hasta llegar a la que reciba la aprobación de los educadores, porque nosotros creemos que así vamos a lograr que nos quieran: inventamos una identidad digna de ser amada sobre la creencia de que mi ser, tal como es en realidad, no merece ese amor.

Entonces, cuando establecemos una relación íntima, el deseo que tenemos es que nuestro compañero confirme nuestra identidad compensatoria y, por otro lado, tenemos miedo de que los demás puedan ver nuestra deficiente identidad, de que se den cuenta de que no somos como nos mostramos y, por lo tanto, que no somos merecedores de su amor.

La clave está en atrevernos a liberarnos de nuestra supuesta identidad, de instalarnos en el mundo sin exigirnos responder a ella, descubriéndonos a nosotros mismos cada momento y observando cómo actuamos.

Cada vez estoy más convencida de que la identidad es algo que nos inventamos y nos hace sufrir, porque nos exige responder de acuerdo con ella.

Buscamos la intensidad del encuentro, pero cuando llega nos asustamos, nos desestabilizamos. Y, sin embargo, es muy difícil no desearlo, porque intuimos que no hay nada más saludable que un encuentro auténtico, sin máscaras, sin engaños, actualizado y sin expectativas. Pero también intuimos que el riesgo de sufrir tiene un precio muy alto.

Pienso que nos da tanto miedo entregarnos, fundirnos con el otro, que sólo podemos hacerlo parcialmente, como hacen nuestros pacientes. Es un intento de protección contra los dos grandes monstruos: el rechazo y el abandono.

Es muy duro desear a alguien y que no esté. Tal vez el trabajo consista en perder el miedo a la entrega. Me parece un camino largo y difícil, pero en última instancia es el camino de la vida.

No tengo respuestas: estoy llena de preguntas. Creo que a los pacientes sólo podremos acompañarlos para que recorran el camino responsablemente y con conciencia de lo que se están jugando. Nuestro cometido es enseñarles a observar a fondo la situación, que no es solamente una cuestión de sentimientos, sino mucho más que eso.

Me parece increíble el miedo a la entrega.

Me parece increíble cómo reaccionamos para no encontrarnos.

Me parece increíble cómo armamos líos y creamos distancia.

Me parece increíble cómo nos confundimos y confundimos a los demás.

Cuando deseamos y el otro está presente, es muy hermoso. Pero cuando no es así, el dolor nos parece más insoportable que cualquier otro sufrimiento. Por eso frenamos a veces la tentación de ser espontáneos y buscamos vidas seguras encerradas en nuestra vieja personalidad calentita y estructurada.

Y no es que esto esté mal, porque tampoco podemos vivir en carne viva. Lo que pasa es que vivir encerrados en una identidad se vuelve, tarde o temprano, aburrido o angustioso.

La intensidad atrae y duele: la buscamos pero no podemos tolerarla, dice mi amiga Renate.

Qué dilema.

Insisto: no tengo respuestas.

Sólo podemos plantear el problema... Y esto abre más y más preguntas.

Tal vez debamos aceptar que ni en el libro ni fuera de él podemos dar respuestas, pero sí preguntas que ayuden a la gente a pensar sus vidas.

Laura

Fredy,

Me invade el pensamiento la palabra «misterio».

Hay personas que me llevan a abrirme y otras que hacen que me cierre. ¿Qué pasa?

Creo que en parte «ocurre» y que en parte soy yo quien decide abrirse o no con determinada persona en tal o cual momento.

Siempre está rondando el miedo a la entrega, a sufrir, a desestabilizarnos, a perder todo lo que fuimos logrando con la construcción de nuestra identidad.

Me interesa el tema de la química con el otro, tal vez porque ahí está el misterio.

Por ejemplo, me impacta comprobar cómo podemos mirar a una persona ahora y rechazarla y, sin embargo, en un instante o dos, al cambiar de mirada, sorprendernos amándola.

Esto se vincula con aquello que hablábamos sobre la supuesta identidad... Y esta es la paradoja del vínculo amoroso: todo el tiempo somos otro, y el otro... El otro también es otro.

La propuesta es aceptar esto y ver qué día se produce el encuentro y qué día no: aceptar estas idas y venidas de la relación como algo que es así, sin esperar otra cosa, y no exigirnos sentir siempre lo mismo. Admitir con placer el movimiento de las emociones y, por supuesto, aceptar que el otro también tenga esta conducta. Darse permiso para vivir lo misterioso de las relaciones, como decía el poema que te leí aquel día en el bar:

«Si sabes cómo relacionarte con tu marido o con tu esposa
no estás verdaderamente casado,
simplemente estás aplicando psicología.
Siempre que una relación es real,
se está creando y recreando
momento a momento.»

Pienso que esta dinámica de lo real también opera sobre la personalidad. Me refiero al «ser en pareja» y el «ser» de cada uno. La personalidad es un vehículo para llegar a ser; disolviéndola llegamos a la captación de nuestra esencia.

La personalidad se identifica con una parte del ser a la cual le asigna el valor de la totalidad. Es importante tomar conciencia de que somos el ser y no sólo la posición con la que nos identificamos.

La mente tiene la capacidad de definirnos de cierta manera, como si al ser de tal o cual forma no pudiéramos ser de ninguna otra. Este es el mecanismo que nos impide ser completos.

Damos por sentado que somos el yo que nuestra mente ha construido y no advertimos que ese yo es algo que se ha formado en el pasado, que tiene sus raíces allí y que su lealtad va dirigida a cosas que ocurrieron entonces, hechos y recuerdos más o menos distorsionados que estamos sosteniendo y tratando de mantener o de ocultar. En consecuencia, no podemos estar totalmente presentes porque estamos atados a las cosas del pasado que nos determinaron para crear nuestra identidad.

Pieza a pieza, el yo estructurado es una resistencia a la presencia incondicional.

El trabajo consiste en cambiar nuestra lealtad hacia el yo construido, el yo habitual, en el sentido vasto del ser, al que podríamos denominar «nuestra verdadera naturaleza», que está fuera de las barreras de nuestro yo construido y que no puede ser contenido dentro de ellas.

Tenemos que estar preparados para apartarnos de nuestra personalidad, para dejar que pierda fuerza, para agradecerle que nos haya ayudado a sobrevivir hasta ahora, pero aceptar que ya no nos sirve.

Estamos acostumbrados a vivir dentro de ella: no sabemos qué se siente al dejarse llevar sin el freno de nuestra identidad. Nos da miedo y es muy difícil adentrarnos en los lugares oscuros de nuestro ser y abandonar nuestra vieja y conocida identidad. El hecho de dar y recibir amor se convierte en una tarea muy ardua si no estoy decidido a abandonar mi vieja estructura. No es que podamos tomar la decisión de dejar nuestra vieja identidad y conectarnos inmediatamente con nuestro ser. Si fuera tan fácil todo el mundo lo haría, porque todos buscamos amor. De distintas maneras, todos buscamos querer y ser queridos, aceptados, considerados, etcétera.

No se trata de librarnos de nuestro yo construido, ni de romperlo. Ni siquiera es cuestión de criticarlo o condenarlo de ninguna manera. Hacer esto sería un error, porque es un paso en el camino. Ha tenido y sigue teniendo una función.

A veces las diferencias entre la estructura y la esencia no son tan rígidas, pero siempre son importantes. La estructura está basada en el pasado, la esencia es siempre presente.

La estructura es reactiva, en cambio la esencia es abierta y no reactiva.

La estructura está relacionada con «tratar de hacer», con el esfuerzo. Por el contrario, la esencia es sin esfuerzo, es no hacer.

La estructura está siempre mirando algo, queriendo algo, necesitando algo, siempre hambrienta y deficiente. La esencia está llena, no necesita nada.

La estructura está mirando hacia fuera. La esencia se asienta en sí misma.

Welwood nos anima a alejarnos de la idea de un yo estructurado. Él propone directamente que conectemos con el vacío en vez de esforzarnos por llenarlo con una falsa identidad.

Pero esa sensación de vacío se vive como una gran amenaza a nuestra estructura. De hecho, todo el proyecto de identidad es un método de defensa para no sentirla.

La mente no puede agarrar el vacío. La mente crea las historias sobre el vacío como si fuera un agujero negro. El yo construye una barrera y todo lo que está fuera de ella nos parece peligroso.

El yo estructurado transforma esa conducta temerosa en una necesidad vital, consiguiendo que la vida acabe girando permanentemente alrededor del peligro que implica el vacío.

Creo que estaremos mucho más vivos si nos atrevemos a darnos cuenta de que no estamos necesariamente obligados a saber en todo momento quiénes somos, y que no tenemos por qué asegurar exactamente y al detalle qué se puede esperar de nosotros.

Debemos darnos cuenta de que sí podemos (y quizás debemos) lanzarnos a la experiencia de lo que deviene sin encadenarnos a un yo que nos limite a unas pocas respuestas conocidas.

Estas ideas podrían ayudar a estar en pareja, porque permitirían aflojar viejas ataduras y, sobre todo, porque liberarían también a nuestros compañeros de viaje de sus propios condicionamientos individuales.

Espero haberte sorprendido con estas reflexiones.

Laura

Roberto pensó que debía resolver el tema de su identidad. Después de todo, estaba viviendo un engaño. ¿Por qué no podía relacionarse con Laura como quien auténticamente era? Tenía que meditar sobre aquello. Por ahora, todo parecía estar en orden... Todavía. Si llegaba a tiempo evitaría la catástrofe.

Copió el mensaje de Alfredo en su ordenador y luego lo borró del servidor. Si Alfredo no encontraba el aviso de devolución, nunca sabría que el mensaje no había llegado y no tendría motivos para volver a enviarlo.

Sin embargo, esta acción no evitaba el riesgo de una futura comunicación.

La solución era, por tanto, incomunicar a Alfredo. Pero, ¿cómo bloquear su correo hacia Laura? Fredy conocía la dirección de ella y podía escribirle cuando quisiera. Salvo que...

Roberto entró en el servidor de hotmail.com, donde se ofrecen direcciones electrónicas. Se registró como *trebor* (su nombre al revés) y consiguió un buzón nuevo.

La jugada que estaba empezando lo alejaba cada vez más de la moral, pero aquello no parecía importarle.

Entró en el sitio y escribió un mensaje nuevo dirigido a *rofrago@yahoo.com*

Querido Fredy,

Me alegra saber que estás otra vez entre nosotros. Es bueno saber que estás cerca después de esta (como tú dices) larga ausencia.

Ojalá tu promesa de ser más participativo se cumpla esta vez. Creo que te envié copia de los primeros mensajes para inducirte a contestar a la luz del camino recorrido (y, por lo visto, ha servido).

De todos modos, presta atención: **no me escribas más a esta dirección**.

He decidido registrar mi propia dirección para el libro y dejar la anterior porque me conectaba con otro tiempo, con otra situación y con una realidad que ya no es actual. Me parece que ya es hora de que deje de usar como mía la dirección de mi ex marido, ¿no crees?

Así que toma nota, tú que pareces medio despistado, porque no voy a volver a abrir el buzón anterior. La dirección actual es:

trebor@hotmail.com

Espero saber de ti rápidamente tal como te pedía en el mensaje anterior.

Besos,

Laura

P.D.: No olvides cambiar mi dirección en tu agenda. Hasta pronto.

Movió el puntero hacia la tecla «Guardar» para archivar una copia del mensaje saliente y cliqueó el botón «Enviar».

—Listo —pensó Roberto.

Todo estaba bajo control. Alfredo podía escribir lo que quisiera, y él decidiría si lo reenviaba, si lo censuraba, si lo modificaba o si lo ignoraba.

MINCE podía haberle concedido a Alfredo el derecho a recibir la misma información que él, pero a partir de ahora por lo menos quedaría al margen del intercambio directo con Laura.

Abrió el mueble bar y se sirvió una copa: una medida de Cointreau y media de coñac. «Cóctel de amor», según le había enseñado Carolina.

Estaba muy contento de que sus escrúpulos no le hubieran privado de aquel enorme placer doméstico.

A las dos de la mañana, y después de la cuarta copa, sintió cómo venían a su cabeza las palabras leídas y estudiadas en sus cursos de filosofía.

Tuvo ganas de compartirlas con Laura.

Laura:

Me gustaría saber qué piensas tú sobre la capacidad de amar. Para mí es una cuestión muy interesante. La gente suele quejarse de no ser querida cuando el verdadero problema es que no sabe querer. Creo que esto es lo que hay que desarrollar.

Ortega y Gasset dice que para amar se necesitan varias condiciones. La primera sería la percepción, la capacidad de ver al otro, de poder interesarnos por otra persona que no seamos nosotros mismos.

Yo veo en algunas mujeres una actitud bien contradictoria. Se quejan de estar solas pero me sorprendo al ver el desprecio con el que hablan de los hombres. Después, se enfadan al ser abandonadas, cuando en realidad ellas los han abandonado primero con su falta de amor.

Como tú me «enseñaste», la manera de estar con otro, de poder quererlo, de querer descubrirlo, es siendo capaz de aceptarlo como es. Pero la mayoría de la gente no se preocupa por el tema de si quiere o no. Sólo se preocupa sobre si es querido y si se le demuestra amor.

El otro día una amiga, dialogando con su novio, le dijo: «Si piensas así es que tú no me quieres».Y yo, poniéndome en el lugar de su pareja, le contesté: «Tú no le quieres cuando piensas así».

Ella se dio cuenta de que era cierto, de que en realidad era ella la que no le quería, pero igualmente se enfadó conmigo y me preguntó qué tenía yo en contra de su relación.

Volvemos siempre a lo mismo: la dificultad para ver el problema en uno mismo y no en el otro.

¿Cómo ayudaremos a las personas a desarrollar su capacidad para amar?

Sería bueno mostrarles su particular manera de no querer. En el caso de mi amiga, sería así:

Tú no aceptas cómo es él.
Tú te cierras cuando él te habla.
Date cuenta de qué poco te importa lo que a él le interesa.
Tú lo criticas, lo menosprecias, lo descalificas.
Tú, que sentías que amabas demasiado y te creías tan generosa, date cuenta de que solamente le das lo que tú quieres darle, de que no te ocupas de saber lo que él necesita, de que sólo das por tu necesidad de dar y no por el bien que le puede hacer a él lo que le estás dando.

Tú eres la que no sabes quién es,
la que lo has puesto en un lugar
y nunca más... lo has vuelto a ver de verdad.

Como dice H. Prater al hablar de la incapacidad de querer de las personas, «creo que a la primera persona que no quieren es a sí mismos, y que se maltratan y menosprecian al igual que hacen con los demás. Hay muchas personas que no pueden salir de sí mismas, que no pueden interesarse por otro porque nadie les importa.»

Supongo que por la misma razón decimos siempre que los problemas de pareja son problemas personales, porque alguien que puede amar siempre va a encontrar algo para amar en la persona que tiene delante.

Y, si no, pensemos en los grupos o talleres terapéuticos, a los que llegamos llenos de prejuicios y terminamos sintiendo que amamos a todo el mundo, tan sólo porque ellos nos han mostrado su alma y nosotros también lo hemos hecho.

Dice Ortega y Gasset: «Nadie ama sin razón. El mito de que el amor es puro instinto es equivocado».

Me resulta muy interesante pensar en esto.

Besos,

Fredy

Después de enviar el mensaje y terminar su sexto cóctel de amor, se dio cuenta que las letras de la pantalla se movían en una sospechosa danza ante sus ojos.

Apagó la máquina en «Roberto-automático», como él decía, y de memoria llegó primero a su cuarto, después a su baño y, seguramente también de memoria, a su cama.

Seguramente... Porque allí apareció durmiendo a la mañana siguiente.

Capítulo 10

Se despertó con la boca pastosa y la cabeza turbia.

—Ya no tengo edad para el alcohol —ironizó consigo mismo.

Era fiesta y tenía todo el día para él.

Después de la tercera taza de café, decidió disolver un sobre de sal de frutas en medio vaso de soda; le gustaba el exceso de efervescencia que producía el polvo blanco al caer sobre el agua gasificada.

Lo bebió de un solo trago y eructó grandilocuentemente. Siempre le habían fascinado los sonidos socialmente reprochables que, exagerados en la soledad, lo conectaban con esa especie de rescate cínico del fluir espontáneo y sin culpa.

—Una demarcación audible de mi territorio —pensó.

Su territorio, su casa, su ordenador, sus pensamientos, sus sentimientos. Laura, Laura, Laura...

¿Cómo podía enamorarse de alguien a quien no conocía?

Laura...

¿Habría algo entre Fredy y ella? Habían estado juntos en Cleveland...

Laura...

Roberto recordaba el ambiente de los congresos de marketing: todos con todos. Los de psicología no debían ser diferentes.

Laura.

A pesar de que su concepto sobre los psicólogos dejaba bastante que desear en ese sentido (y también en otros), hacía mucho que sabía que aquella fama de «liberados» que circulaba por ahí había sido siempre una proyección de la ficción de los psicoanalizados del mundo.

Laura.

De nuevo no podía quitarse a Laura de la cabeza. De nuevo no quería quitarse a Laura de la cabeza.

Encendió el ordenador y se puso a buscar los archivos guardados de Laura. Quería releer aquel donde alguna vez ella le había escrito sobre estar enamorado. Después de un rato lo encontró y anotó algunas frases en su bloc.

«Estar enamorados nos conecta con la alegría que sentimos por saber que el otro existe. Nos conecta con la poco común sensación de plenitud.»

«Cuando uno se enamora, en realidad no ve al otro en su totalidad, sino que ese otro funciona como una pantalla donde el enamorado proyecta sus aspectos idealizados.»

«El otro no es quien es, sino la suma de las partes más positivas del apasionado proyectadas en el otro.»

«Este primer momento es más una relación conmigo mismo, aunque elija a determinada persona para proyectar esos aspectos míos.»

Seguramente era cierto...

¿Y qué? ¿Debemos privarnos de la maravillosa sensación de estar enamorados sólo porque más o menos pronto terminará? ¿Debemos descartar la pasión y reemplazarla por el sesudo (y ahora pienso que absurdo) análisis intelectual de los psicólogos del mundo?

En todo caso, él pensaba justamente lo contrario: lo efímero del enamoramiento es una poderosa razón para disfrutarlo intensamente.

Laura...
    ¿Qué estaría haciendo?
    ¿Trabajando en día festivo?
    ¿Atendiendo a un paciente de urgencia?
    ¿Leyendo material para el libro?
    ¿Corriendo por la orilla del río?
    ¿Escribiendo un mensaje para él?
    ¿Para él?

Recordó que los mensajes de Laura no eran para él... Eran para Fredy. Se sintió bastante molesto.
    Se conectó.

«Hola, rofrago, tiene cuatro (4) mensajes nuevos.»
audimet@usa.com Asunto: aceptación de propuesta publicitaria

¡Bravo!

ioschua@aol.com Asunto: reclamo noticias

Debería sentarse hoy mismo.

intermedical@system.net *Asunto: respondiendo a su solicitud*

Abrió el tercero:

Estimado Sr. Daey:

Lamentamos la tardanza en hacerle llegar esta respuesta. Como usted comprenderá, el concejo tiene cientos de asuntos en espera y cada carpeta es analizada y resuelta por riguroso turno de llegada.

De todas maneras, nos es grato comunicarle que hemos decidido dar curso a su solicitud y esperamos su confirmación para instrumentar las formas necesarias para su concreción.

Atentamente,

Dr. Néstor Farías
Presidente

—Así que ese es su apellido, Daey...

Roberto se quedó un buen rato frente a la pantalla. Al cabo de un rato levantó la vista y se miró en el espejo colgado en la pared lateral. Se vio cara de chico travieso. Sonrió y su gesto se volvió diabólico.

Apretó el botón «Responder al remitente».

Sr. Dr. Néstor Farías:

Después de tanta espera e insistencia, me llega la tardía notificación de la aceptación de mi solicitud.

Creo que no me equivoco al asegurar que el mundo en el que vivimos no puede seguir tolerando la burocracia anacrónica de los concejos dilatorios de las decisiones importantes.

Entiendo que es mi deber ético mostrar mi indignación y ser fiel a mis principios. Por eso me dirijo a usted para hacerle saber que RECHAZO su nota y retiro la solicitud que oportunamente le envié.

Es mi deseo que esta actitud opere como una pequeña llamada de atención a la institución que usted preside.

Dr. Alfredo Daey

Pulsó «Enviar» y después borró el mensaje entrante de Farías. Nadie se enteraría nunca de lo sucedido.

Cuando llegó al cuarto mensaje y vio que era de Laura no pudo determinar si su alegría era por el mensaje en sí o por el dañino placer de la maldad.

Querido Fredy,

Tienes razón cuando dudas de la capacidad de amar de la gente, aunque de todas formas siempre se me aparece el componente de la inseguridad y a partir de ahí la necesidad de certeza, de seguridad y de control.

Lamentablemente, cuando llegamos a ese punto no hay más remedio que aterrizar en la lucha por el poder y en los celos.

Por mi parte, cada vez pienso con más convicción que los problemas de control pasan casi únicamente por la incapacidad de amar.

Las personas creen que aman, pero en realidad están enganchadas a su necesidad de poseer a otro. Es como si dijeran: «Te amo mientras estés a mi lado, pero si te vas seguramente te odiaré».

Eso no puede ser amor.

El amor pasa por poder pensar en lo que el otro necesita y en disfrutar si el otro está bien, todo ello de forma totalmente independiente de si está a mi lado.

Una paciente me decía que no toleraba que su marido disfrutara saliendo con sus amigos, y que si él realmente la quería, debía elegir salir siempre con ella. Nada más absurdo.

Yo creo que si ella lo quisiera verdaderamente se alegraría de saber que puede disfrutar saliendo con sus amigos.

Yo intentaba mostrarle que lo que ella sentía era más una necesidad de poseerlo que amor, y ella se enfadaba conmigo.

En nuestra cultura se confunden las cosas. No se acepta que pueda querer mucho a mi pareja y a la vez que pueda disfrutar con otras personas.

Partimos siempre de la falsa idea de que la persona adecuada puede y debe darme todo lo que necesito.

En mis grupos de formación de terapeutas de parejas estamos investigando el tema y tratando de pensar cómo serán las relaciones en un futuro. Y una de las cosas que pensamos es que se va a dar amplitud a las relaciones. Tal como está planteada la pareja hoy, vemos que no funciona.

Mi amigo Norberto me decía que él estaba seguro de que en un futuro se iba a aceptar más la posibilidad de tener encuentros íntimos con varias personas. Aceptaremos en última instancia lo que es obvio: que en realidad sí que podemos amar a varias personas a la vez, aunque nos relacionemos con ellas de diferentes maneras.

Nosotros, como terapeutas, sabemos cómo funcionan los amantes en las supuestas relaciones monogámicas de hoy. Es probable que nuestros lectores se horroricen al leer esto, pero no es cuestión de decidir si está bien o mal. Sólo describo lo que veo, lo que está ocurriendo en la realidad, más allá de lo que queremos que ocurra.

¿Por qué no empezar a cambiar la mentalidad y validar lo que está ocurriendo en lugar de seguir intentando relaciones imposibles?

¿Por qué no trabajar con nuestra patológica necesidad de poseer en lugar de crear sofisticados métodos de control sobre nuestra pareja?

¿Por qué no sanar mis celos enfermizos en vez de vivir persiguiéndote con la excusa de lo mucho que me dolería perderte?

Creo hablar en nombre de los dos si digo que los celos siempre son (¡SIEMPRE!) un síntoma neurótico, una expresión de nuestros aspectos más oscuros.

Celar es sostener la creencia de que mi amado le da a otra persona lo que solamente yo tengo derecho a recibir de él. O, como dice Ambrose Bierce en su *Diccionario del diablo*:[6] «Celar es temer perder a alguien, que si uno perdiera por lo que teme perderlo, no valdría la pena haberlo conservado».

Hay que trabajar más para obtener el vínculo que deseo tener con mi amado que para censurar y controlar sus demás relaciones.

Por lo demás, es importante aprender a soltar. Es parte de mi credo luchar contra los que proponen que hay que aferrarse a los vínculos. Las relaciones duran lo que tienen que durar, es decir, mientras impliquen crecimiento para ambos: a veces unas semanas, otras, toda una vida.

Estar siempre dispuesto a soltar es la única posibilidad de sostener un vínculo renovable eternamente.

¿Cuántas veces soltamos el proyecto del libro? Y, sin embargo, aquí estamos... Cada vez más cerca de publicarlo.

Lau

6. Bierce, Ambroise, *El diccionario del diablo*, Valdemar, Madrid, 1996.

¡Los celos!

Eso era: estaba celoso. Celoso de Fredy, de Carlos, de los pacientes de Laura, de sus hijos, de todos.

Celoso. ¡Qué estupidez!

Sí, estupidez, neurosis o enfermedad. Estaba celoso.

Por una vez, Roberto se dio cuenta de que no iba a estar de acuerdo con Laura. ¿Qué significaba esa apertura absurda? ¿Por qué razón había que validar el derecho de aquel idiota de tener una relación con Laura?

No era justo que Alfredo siguiera recibiendo los halagos y los mensajes que no merecía. Después de todo, si no hubiera sido por Roberto, Laura hacía tiempo que habría abandonado el proyecto.

Él debía hacer algo al respecto. Pero, ¿qué?

¿Y si...?

¿Por qué no?

Roberto hizo clic sobre la tecla «Contestar».

Querida Lau,

Me ha encantado tu mensaje sobre los celos. Creo que pensaré un poco sobre algunas cosas y te las mandaré en cuanto pueda.

Estoy saliendo para Uruguay y tengo varios viajes pendientes. Como no quiero perder contacto contigo y tus mensajes, te pido que de ahora en adelante me escribas a esta dirección: *trebor@hotmail.com*, porque me es más fácil entrar desde mi Lap.

Te mando un beso.

Fredy

Pulsó «Enviar» y se reclinó hacia atrás en su silla.

—Jaque mate —pensó Roberto.

El miércoles por la noche llegó el primer mensaje a *trebor@hotmail.com*. Era de Fredy.

Hola, Laura:

Para estrenar tu nueva dirección electrónica he elegido este artículo que ha escrito Julia. (¿Recuerdas que te hablé de ella? Es la que vive y trabaja en España, más concretamente en Granada, capital del tango de «la madre patria».)

Allí, en Andalucía, Julia y su marido, argentinos los dos, se enamoraron por primera vez del tango. De ese amor surgió este texto. Léelo despacio y, si puedes, con un tanguito de fondo...

Bailemos tango, mi vida

La decisión ya estaba tomada: iba a aprender a bailar tango. Es más, tenía que aprender a bailar tango. Y esta vez sí que iba a poner todo el empeño escatimado en tantos años de infructuosos intentos (desde los primeros balbuceos con mi padre hasta aquellas tentativas fugaces, pero llenas de vana ilusión, emprendidas con la ayuda de los abnegados «voluntarios» que alguna vez encontré en el camino). Y como esta vez estaba realmente dispuesta a llegar hasta el final, lo primero que tenía que hacer era asistir a clases como Dios manda (es decir, con profesor y todo). Así que, llena de buena voluntad, encaramada a mis zapatos de tacón, embutida en una falda acorde con las circunstancias y con la mejor de mis sonrisas en el rostro, me planté en aquella sala de baile que tanto me habían recomendado mis amigas.

Pero, claro, como es imposible tanta dicha, como tanta perfección nos está prohibida... Como siempre... Faltaba algo. Miré, remiré y, por más que busqué, me encontré de nuevo con la eterna realidad delante de mis narices: sólo había cuatro hombres para veinticinco mujeres.

Con todo y eso no estaba dispuesta a que mi voluntad se viera vencida una vez más. Y me lancé a la pista dispuesta a arrebatarle a cualquiera de las otras veinticuatro mujeres alguna de las cuatro codiciadas presas. Sin embargo, a pesar de mi buena voluntad y de la mejor de mis sonrisas, en una hora sólo pude capturar a un compañero, y durante sólo cinco minutos. A aquel paso ni en dos años aprendería una sola figura (si es que antes no aparecían por la pista nuevas competidoras). Fue entonces cuando se hizo la luz en mi cabeza y lo vi todo con mucha más claridad: ¡Para algo se tiene un marido!

Después de poner en juego mis mejores y más elaboradas maniobras de «manipuloseducción», conseguí arrastrarlo a la clase. Lo mejor y más increíble de todo fue que... ¡Le gustó!

Clase primera

—Lo primero que vamos a aprender del tango es el abrazo —dijo Julio Horacio Martínez, el profesor.

Yo pensé que aquello no tendría mucha ciencia, porque abrazarse es algo que todos hacemos habitualmente de una manera espontánea. Qué se yo... Es algo natural, sin aprendizaje previo. Pero no. Al parecer, detrás del abrazo en el tango se esconde algo bastante más complicado.

—En el tango, los cuerpos tienen que realizar un circuito de tensiones encontradas. El brazo debe estar firme, pero sin empujar. Las piernas en contacto, pero sin asfixiarse ni impedirse el movimiento. Tengan ustedes en cuenta que en este baile el equilibrio no está en cada uno, sino en el centro de los dos, y si no se entienden pueden desestabilizarse. Tienen que aprender a comunicarse para poder disfrutarlo juntos.

Entonces, mi marido me tomó en sus brazos, juntas las piernas, con una mano sujetándome de la cintura y manteniendo la otra levantada y firme, para servirme de apoyo. Hasta aquí, todo bien... En teoría. Si no hubiera sido porque su mano en la cintura me tenía suspendida en el aire, sus piernas juntas no dejaban que me moviera y su mano firme... Era tan firme que me atenazaba los dedos.

—Tu mano debe ofrecer resistencia. De lo contrario te sientes empujada. No se puede bailar con un flan aunque tenga forma de mujer.

Me habían llamado «flan con forma de mujer». Eso fue lo que dijo... Y ahí terminó la clase.

Clase segunda

—Hoy aprenderemos el paso básico, que son ocho compases. ¿Ven? Uno, dos, tres, cuatro, cinco... Y en el quinto, la mujer debe tener el peso del cuerpo en el pie derecho y entonces, con ese mismo pie, y cambiando el peso, ella sale hacia atrás y seguimos: seis, siete y ocho... ¿Entendido?

Dijimos que sí (no sin ciertos reparos) y empezamos a bailar: uno, dos, tres, cuatro, cinco... Uno, dos, tres, cuatro, cinco... Uno, dos, tres, cuatro, cinco... ¡Nada! No había manera. Mi marido estaba empeñado en que yo hiciera el sexto con el pie izquierdo, pero no quería entender que lo tenía cruzado por delante.

—¡Me estás atropellando!

—No, eres tú, que no retrocedes.

—Pero, ¿cómo quieres que retroceda si tengo el pie en el aire?

—Pues las demás lo hacen...

—Las demás lo hacen porque los demás lo marcan bien.

El profesor se acercó y se dirigió a él: «Tienes que tener en cuenta dónde tiene ella el peso del cuerpo. Si no lo hacés, ella no puede salir. Mirá: uno, dos, tres, cuatro, cinco, seis, siete y ocho. ¿Viste?»

¡Qué bonito era bailar con alguien que me entendía! Reconocí que con mi marido me sentía impotente. Me echaba a mí la culpa de sus limitaciones y no quería darse cuenta de que era totalmente imposible seguirlo.

Clase tercera

—Hoy trabajaremos las articulaciones del paso básico. En el ocho hay dos tiempos: uno de entrada y otro de salida, tanto en el hombre como en la mujer. Se hacen alrededor de la pareja. El hombre puede optar por sólo darle el espacio o acompañar su movimiento...

Por fin había llegado lo que yo estaba esperando: hacer esos firuletes tan bonitos, tan elegantes, tan sensuales... Salgo, entro, salgo... ¿Qué pasa? De pronto estamos los dos haciendo fuerza para no caernos, a cuatro metros el uno del otro y a leguas de la elegancia y la sensualidad soñadas...

—¿Qué están haciendo? —Julio se acercó como una exhalación—. Queremos bailar tango, y están haciendo una lucha de sumo. Vení —le dijo a mi marido—. Ahora yo tomaré el lugar de tu pareja y te muestro qué hacés. ¿Ves? Si vos no me das espacio suficiente yo me lo voy a tomar de todos modos, aunque sea alejándome...

Clase cuarta

Aunque ya más o menos podemos movernos juntos, todavía nos cuesta mucho sincronizarnos. Después de haber trabajado con la pausa, hemos conseguido bailar un poco seguido, pero tras unos pasos engarzados a duras penas, vuelvo a tropezar con sus pies (o quizás sea él quien tropieza, yo ya no lo sé). Sea como fuere, mi marido me acusa de no escuchar lo que me dice, de bailar sola. Yo le repito que no sé qué es lo que quiere que haga... Pero parece que él tampoco me entiende.

De nuevo Julio se acerca a nosotros para hablar con mi marido. ¿Es que no hay más parejas en la sala que bailen mal?

—Si querés decirle algo, primero tenés que contactar, llamar su atención. De lo contrario la invadís, la sorprendés y en esa incertidumbre no te va a entender. Llevemos esto al baile. ¡Mirá! Primero buscás su pie, la detenés y luego hacés el movimiento. Si antes no conectás será difícil que ella adivine qué querés comunicarle. Como cuando querés hablarle, primero la llamás y sólo cuando ves que ella te escucha, hablás. De lo contrario, antes o después tendrás que gritar. Esto es lo mismo. Y vos —dijo dirigiéndose a mí— tené en cuenta que cuando te llama tenés que detenerte y escucharlo. Si no, para que lo escuches, te va a gritar. Y si están bailando, te va a golpear. Lo voy a mostrar. Acerco mi pie al suyo; ella se detiene para escuchar. Hago el movimiento y espero a que ella me conteste. No lo olviden: al bailar están dialogando, nunca imponiendo. Uno habla y después de escuchar el otro contesta. Atención: sólo después de escuchar. Porque en el tango, como en la vida, si no me tomo el trabajo de escuchar, voy a presuponer que sé lo que me van a decir, y nunca contestaré al otro. Así, el diálogo real deja de existir y se convierte en monólogo. Esto es lo que están haciendo, y esto no es bailar tango, que es una danza de pareja en la que cada uno improvisa de acuerdo con el movimiento del otro.

Clase quinta

Hoy no tengo ganas de ir a clase. En realidad, no tengo ganas de ir a ninguna parte. Yo no entiendo qué está pasando, pero siento que mi pareja se acaba. Desde hace un tiempo discutimos por todo y no hay manera de poder hablar de lo que pasa. Son infinitos los reproches mutuos que impiden el diálogo. Es como si habláramos distintos idiomas y una dolorosa distancia, mezcla de rencor e indiferencia, se está clavando entre nosotros.

Este silencio, no sé cómo ni cuándo empezó, pero crece cada vez más y parece imposible detenerlo. Nunca pensé que después de tanto tiempo de complicidad y cercanía llegaría el momento en que aún estando juntos no nos pudiésemos encontrar.

Mejor me cambio de ropa y voy a clase, porque dándole vueltas a la cabeza no gano nada y si nos quedamos solos en casa, la distancia se hace insoportable.

—Hoy no vamos a aprender ningún paso nuevo. Creo que es importante que sepan qué están haciendo. Si no entienden qué es bailar tango, si no entienden su sentido, podrán hacer los pasos, pero nunca van a bailar tango. El tango es una danza de pareja abrazada con un abrazo que es contención, no estrujamiento. Abrazar es dar con los brazos abiertos y el que da con los brazos abiertos recibe con todo el cuerpo. Así unidos, los dos integrantes se desplazan en el espacio, pero no es un espacio cualquiera. Al contrario, es un espacio creado por los dos. Como dicen los Dinze: «El tango niega las matemáticas porque uno más uno no son dos, sino uno, que es la pareja, o tres, porque son él, ella y un tercer volumen». Uno o tres, ¡pero nunca dos!

»Es un verdadero diálogo corporal y amoroso, donde los dos manejan la autodeterminación y donde también hay momentos de silencio. Un silencio que necesariamente forma parte del diálogo, que lo enriquece si quieren, pero nunca lo anula. En este diálogo, los dos pueden proponer, porque aunque uno tome la iniciativa del primer movimiento, según como sea la respuesta, ya sea por velocidad, amplitud o dirección, es el siguiente movimiento. Por eso hay que aprender a vivir el error como posibilidad de enriquecimiento.

»Si esto no hubiese sido así, el tango no existiría. No deben enojarse ante un fallo: busquen el contacto con el otro e intenten crear juntos. Finalmente, el tango también es una forma de autoconocimiento, porque así como en nuestra vida de relación —ya sea como amigo, amante o padre— conozco mi calidad de tal a partir del otro, en el tango puedo ser un protector o un protegido, un dominado o un dominador. Puedo ser infinitamente tierno, violento o, tal vez, la mezcla de todo eso. Y mi pareja está ahí para mostrármelo. Esto que planteo no es fácil, pero sólo cuando lo entiendan podrán bailar y, además, de una manera distinta cada día: a veces con violencia, otras con ternura, otras en verdadero éxtasis, pero seguro que no interrumpirán la danza.

Mientras volvíamos caminando a casa, las palabras de Julio resonaban dentro de mí. Era como si las frases hubiesen tomado forma corporal y danzasen en mi cabeza, ocupándola, ordenándose, tomando armonía y sentido: «El abrazo es contención, no estrujamiento... Tomen el error como posibilidad... Si no le doy espacio a él, él se lo va a tomar... Mi pareja está allí para mostrarme cómo soy... El encuentro es diálogo, no imposición; el diálogo es escuchar al otro, no suponer; el abrazo es dar espacio, no atrapar; el tango es dialogar, dialogar, dialogar...».

Hoy releo estos viejos apuntes. Los encontré en el cajón de una cómoda que había quedado en el sótano después de la mudanza. ¡Cuánto tiempo ha pasado! ¿Diez años? Sí, creo que sí. En aquella época cumplíamos a duras penas dos años de casados y ya llevamos juntos doce. La crisis pasó y efectivamente los dos tuvimos que aprender a vivir juntos, así como aprendimos a bailar tango.

Mientras leo estoy escuchando música y mi marido está terminando de arreglar el jardín. Por cierto, ya ha terminado. Veo que entra.

Está sonando *Danzarín*.

—¿Qué estás haciendo? —le digo.

—Estoy pensando que tengo muchas ganas de abrazarte... ¿Bailamos un tanguito, mi vida?

Julia Atanasópulo García

¿No te parece una joyita?

Creo que dice poco más o menos lo mismo que nosotros, pero en lugar de relacionarlo con la pareja lo refiere al baile. Me encanta.

¿Lo incluimos en el libro?

Besos,

Fredy

A Roberto le encantó el planteamiento y hasta pudo prescindir de que el texto viniera de Fredy. Subió el cursor hacia el comando «Edición» y pulsó la opción «Seleccionar todo». Después, lo copió en una hoja nueva de su procesador y eliminó la última parte del mensaje. En lugar de la despedida de Fredy, Roberto escribió:

¿No te parece una joyita?

Cuando lo estaba leyendo me parecía que hablaba de ti y de mí. Sentí que describía nuestro encuentro y que en lugar de vincularlo con una relación entre dos adultos que se conocen y se quieren, lo refería al baile. Me encanta. También nosotros hemos aprendido a bailar juntos a lo largo de la danza que es escribir este libro. También nosotros, creo, hemos tenido que aprender a abrazarnos, a contenernos, a no empujarnos, a no atropellarnos... También nosotros podemos seguir aprendiendo a bailar juntos. ¿Me acompañas en este tango?

Te mando un beso y un abrazo «arrabaleros».

Fredy

Revisó lo que había escrito, lo recortó y lo pegó en el mensaje que con el título «Tango» envió a *carlospol@spacenet.com* desde *trebor@hotmail.com*

La respuesta de Laura llegó la noche del día siguiente y por un momento lo hizo estremecer. Debía ser más cuidadoso, porque el mensaje empezaba diciendo:

Fredy:

¿Qué es eso de «para estrenar tu nueva dirección electrónica»? ¿Mi nueva dirección? ¡No soy yo la que ha cambiado de lugar, sino tú! Habrás querido decir «para estrenar mi nueva dirección he elegido...» Me parece que con tanto viaje ya no sabes si te vas o te quedas, si estás o te has ido, si eres tú o eres el otro.

De todos modos me he divertido mucho con tu confusión; me preguntaba qué dirían tus pacientes si supieran que no sabes ni dónde estás.

Decididamente, debía leer los mensajes con más cuidado si quería seguir interpretando el papel de administrador del correo. El mensaje seguía:

Me ha parecido fascinante la idea de tu amiga Julia. Es increíble cómo encaja, no sólo con nuestra relación sino con todo lo que sostenemos y trabajamos.

Después de leer lo del tango he ido a la carpeta donde guardo algunos de los apuntes que tomé cuando preparábamos la presentación de Cleveland y encontré nuestro *Programa de trabajo dirigido a personas con dificultades para estar en pareja*, ¿recuerdas?

1. Desarrollar nuestra capacidad de amar.
2. Abandonar la expectativa de perfección.
3. Encontrar el equilibrio entre entrega y privacidad.
4. Desarrollar la intuición para dejarnos guiar por ella y, a veces, por la de nuestro compañero/a.
5. Trabajar con las dificultades de dar y recibir, conectados a las necesidades verdaderas.
6. Privilegiar los mensajes del cuerpo, las situaciones placenteras frente a las ideas de lo que «está bien».
7. Trabajar honestamente para ver hasta qué punto estamos dispuestos a dar lo que tenemos aunque nos cueste y no sólo lo que nos sobra, a ceder espacio y tiempo para la relación, a dejar el centro absoluto del universo.

¿Te das cuenta? Es lo mismo. Estoy muy impresionada y muy feliz. Te quiero mucho. Besos a Julia cuando le escribas.

Laura

Roberto bajó el mensaje a su procesador y quitó la primera parte del texto. Antes de reenviarlo borró del final el «Te quiero mucho» y después también eliminó el «y muy feliz»; había decidido que algunas palabras de Laura las iba a reservar sólo para sí.

Toda la noche y gran parte del día siguiente estuvo reflexionando acerca del papel que esta nueva situación le otorgaba. Se encontró pensando que a los usos de la relación entre Laura y Fredy aquel buzón intermedio funcionaba como un Dios de infinito poder. *Trebor* podía, a su antojo, cambiar, añadir, quitar, producir y distorsionar la información que cada uno recibía y, de alguna manera, manipular ciertas respuestas, pensamientos y acciones sin que ellos se enterasen siquiera.

A pesar de lo que cualquiera pudiera pensar, no era su intención hacer daño. Con respecto a Fredy, porque la jugada con Farías había sido suficientemente malvada como para canalizar todo su enfado (de hecho ya se estaba arrepintiendo un poco). Y con respecto a Laura, porque su único deseo era no perder el contacto con ella.

Trebor era solamente la única forma segura de mantener su relación con Laura.

LIBRO TERCERO

carlospol@

Capítulo 11

Laura cerró la puerta de su casa y se dio cuenta de que Ana se había ido sin su carpeta de dibujo. Sonrió mientras reordenaba su día para tener tiempo de pasar por la escuela para dejarle la carpeta a su hija.

El agua para el té debía estar a punto, así que se apresuró para llegar a la cocina y, una vez allí, escuchó el clásico ruido del agua al romper el hervor. Apagó el fuego y enseguida abrió la caja donde guardaba el té. «¿Cuál?», pensó mientras miraba los diferentes sobres de todos los colores ordenados cuidadosamente en dos hileras.

Miró por el gran ventanal que daba al jardín y decidió que tomaría el «Ensueño», una mezcla de té negro, menta y canela. Le encantaba haber descubierto los diferentes sabores y tipos de infusiones posibles.

Mientras sumergía el saquito en la taza con agua caliente, «recordaba» aquel lugar en el que nunca había estado y que, sin embargo, ocupaba en su imaginación el espacio de un puerto soñado y lleno de magia: las teterías del Albaicín en Granada.

Laura se había enterado de su existencia por el relato de Claudia hacía cinco o seis años. Su paciente volvía de un larguísimo viaje por España y había usado gran parte de sus tres primeras sesiones después de su regreso para hablar de la movida andaluza y de las teterías.

Giró la cucharilla dentro del té, alzó la taza frente a su nariz, cerró los ojos y aspiró su olor profundamente...

Desde el Paseo de los Tristes subió las viejas calles del Albaicín hasta la plaza de San Nicolás. Miró durante largo rato las torres de la Alhambra y después bajó por entre las rústicas casas adentrándose en el antiguo barrio de la Morería. Los pequeños locales, apenas más grandes que un quiosco, ofrecían una embriagadora combinación de música marroquí, olores intensos, colores difusos y formas ajenas. Cortinas con arabescos insinuaban las incómodas mesas donde los miembros de la familia servirían un centenar de sabores diferentes de té, en vasos de recargados dibujos en dorado y diminutas teteras individuales de bronce repujado.

Claudia la había llevado por aquel recorrido tantas veces que, cuando años después Laura se encontró con Alfredo en Cleveland, compartieron la conversación sobre el barrio moro de Granada como si hubieran paseado juntos por cada calle y juntos hubiera entrado en «Marrakech», la mejor —acordaron— de todas las teterías.

El recuerdo de Fredy la condujo al libro: le debía todavía la lista bibliográfica sobre parejas.

Con un pequeño esfuerzo resistió la tentación de levantarse con la taza en la mano para ir a su escritorio. Durante años había trabajado sobre sí misma para conseguir no interrumpirse haciendo más de una cosa a la vez, sobre todo cuando la tarea era placentera. Así que terminó sin urgencias su té y sólo después se situó delante de la biblioteca.

Miró lentamente los cuatro muebles hechos a medida en madera oscura que tapizaban las paredes del cuarto, desde el suelo hasta el techo. Por primera vez notó que casi todos los libros que habitaban su casa hablaban del mismo tema. Salvo seis o siete novelas y algunos libros de cuentos cortos, centenares de tratados, manuales y apuntes sobre psicología y terapia de parejas inundaban los estantes. Libros en inglés, francés, castellano o portugués que muchas veces repetían con cierta impunidad plagiaria las mismas cosas, y otras tantas se contradecían ostensible e irreconciliablemente.

Fue tomando los libros de la biblioteca y dejándolos en una pila sobre su escritorio. Y cuando la torre empezó a tambalear amenazando caer, Laura empezó la construcción de una segunda Babel. Y luego, una tercera al lado de las otras dos, que quedó por la mitad, más por renuncia que por satisfacción.

Laura se sentó en su sillón de cuero y empezó a revisar los libros. Uno a uno los iba tomando del pilón, los acariciaba, los abría y leía algunos párrafos al azar.

Cada frase le recordaba momentos de su vida personal y profesional: épocas enteras en que buscaba en aquellos mismos libros respuestas a su dolor interno o momentos de fascinación al retornar de los talleres de Nana, de Welwood, de Bradshaw o de los Resnik con las maletas llenas de sobrepeso producto de las últimas publicaciones recién compradas, de los folletos recogidos, de los artículos fotocopiados y, por supuesto, de sus propios apuntes tomados durante los seminarios para tratar de retener cada palabra dicha por los maestros —como ella los llamaba—, tan pertinentemente elegidas para cada ejercicio, para cada exploración, para cada concepto.

Cerca del mediodía, sobre el escritorio quedaba apenas una veintena de libros. Los demás habían vuelto a su lugar en la biblioteca. Encendió el ordenador y mecanografió la lista.

Bibliografía

Abadi, Mauricio, *Te quiero, pero...*, Ediciones Beas, Buenos Aires, 1992.

Blachman, J.; Garvich, M.; Jarak, M. *¿Quién soy yo sin mi pareja?* Grupo Editor Latinoamericano, Buenos Aires, 1989.

Bradshaw, John, *Crear amor*, Los Libros del Comienzo, Madrid, 1995.

Chang, Jolan, *El tao del amor y el sexo*, Plaza & Janés, Barcelona, 1994.

Chodron, Pema, *La sabiduría de la no-evasión*, Oniro, Barcelona, 1998.

Claremont de Castillejo, Irene, *Knowing Woman*, Shambhala Publications, Boston, 1997.

Elkaim, Mony, *Si me amas no me ames*, Gedisa, Barcelona, 1997.

Fromm, Erich, *El arte de amar*, Ediciones Paidós Ibérica, Barcelona, 1998.

Hendrix, Harville, *Getting the Love You Want*, Owl Books, Nueva York, 2001.

Krishnamurti, *Sobre el amor y la soledad*, Kairós, Barcelona, 1998.

Laing, Ronald D., *Nudos*, Sudamericana, Buenos Aires, 1970.

Levy, Norberto, *El asistente interior*, Editorial del Nuevo Extremo, Buenos Aires, 1983.

Nasio, Juan David, *El libro del dolor y del amor*, Gedisa, Barcelona, 1998

Osho, *El camino abierto del amor*, Editorial Luz de Luna, Buenos Aires, 1998.

Osho, *Tantra, espiritualidad y sexo*, Arkano Books, Móstoles, 1995.

Pommier, Gerard, *El buen uso erótico de la cólera*, Ediciones de la Flor, Buenos Aires, 1995.

Rodrigué, Emilio, *La lección de Ondina*, Fundamentos, Madrid, 1980.

Rosenberg, Jack Lee, *Body, Self, and Soul*, Humanics Publishing Group, Atlanta, Georgia, 1987.

Sanford, John, *El acompañante desconocido*, Desclée de Brower, Bilbao, 1998.

Schnake, Adriana, *Los diálogos del cuerpo*, Editorial Cuatro Vientos, Santiago de Chile, 1995.

Sinay, Sergio, *Esta noche no, querida*, RBA Integral, Barcelona, 2002.

Watts, Alan, *El futuro del éxtasis*, Kairós, Barcelona, 1985.

Welwood, John, *El viaje del corazón*, Los Libros del Comienzo, Madrid, 1995.

Welwood, John, *Amar y despertar*, Obelisco, Barcelona, 2000.

Zinker, Joseph, *In Search of Good Form*, Analytic Press, Hillsdale, Nueva Jersey, 1995.

Laura terminó de mecanografiar la lista y fue a su cuarto a ponerse las zapatillas y las mallas que usaba para hacer aeróbic. Puso la carpeta de dibujo en la mochila y salió para disfrutar del paseo. Si apuraba un poco el paso llegaría justo a la hora del último timbre para comer una ensalada con Ana en la cantina del colegio.

¿Dónde estaría Fredy? ¿Estaría en España, en Uruguay, en Chile?

Casi siempre envidiaba la vida que Alfredo llevaba: un día cualquiera, y sólo porque él lo había decidido, se subía a un avión, a un automóvil o a un barco y partía. A menudo Laura asociaba esto con algo que había venido observando en muchos de sus pacientes masculinos:

CONSERVAR CIERTOS ESPACIOS DE INDEPENDENCIA
LOS VOLVÍA TOTALMENTE DEPENDIENTES.

¿Qué pasaría con tanta flexibilidad si un día Carmen decidiera que no quería quedarse más en casa, si pensara que estaba harta de la familia y de los niños? ¿Qué sucedería si un día ella renunciara definitivamente a hacerse cargo de los impuestos, de las reparaciones domésticas, de las averías del coche, etcétera?

Alfredo Daey era muy reconocido dentro y fuera de Buenos Aires, pero... ¿Sería todo esto sin Carmen? Laura estaba segura de que no.

Como todos los hombres, Fredy tenía para con su esposa esa gratitud difusa y «globalizada» que a cualquier mujer pensante le resulta absolutamente insignificante y a cualquier persona con cierta dignidad le suena encubiertamente menospreciadora.

Algo debía estar cambiando porque, si todo hubiera sido suficientemente satisfactorio, quizás Carmen no habría decidido volver a la universidad.

Ahora mismo Laura se preguntaba si aquel cambio de actitud en los últimos mensajes de Fredy, aquella actitud casi seductora que tenían sus mensajes, no tendría relación con aquel otro cambio, el que ella adivinaba que se estaba gestando en Carmen.

Sin embargo, más allá de lo que le pasara a él, ¿qué le estaba pasando a ella con esta nueva situación?

Después de separarse de Carlos, Laura había creído que su etapa de búsqueda de pareja había acabado. Su primer matrimonio con Emilio había terminado en catástrofe y después de un tiempo muy oscuro había salido al mundo con la idea de que debía encontrar a alguien totalmente diferente. Así fue como se enamoró de Carlos. Tres semanas después de conocerse ya planeaban vivir juntos y, en otras tres semanas, Laura ya sabía que entre Emilio y él no había grandes diferencias, aunque los resultados fueran notablemente mejores. Quizás ella había aprendido. Algún tiempo después se enteró de que su experiencia era la misma que la de la mayoría de las personas que se vuelven a casar: las segundas parejas no son demasiado distintas de las primeras. De hecho, han sido elegidas para representar el mismo papel en nuestras vidas. Es el cambio de la propia actitud el que puede llegar a producir el despertar.

Recordaba la frase de Gurdjieff: «Para estar vivo de verdad debes renacer, y para eso antes debes morir y, para eso, antes debes despertar».

Su separación de Carlos fue en cierto modo el broche de oro de una relación maravillosa de la cual ambos habían cosechado resultados estupendos, empezando por sus dos hijos y siguiendo por el desarrollo personal de cada uno. Una separación adulta entre dos adultos que deciden no seguir conviviendo. Todo muy hablado, muy trabajado en terapias individuales, en terapias de pareja y con el tiempo necesario para agotar todos los recursos y darse todas las oportunidades.

Todo tan cordial que a veces se preguntaba si su segundo divorcio no habría sido una exageración.

Salvo por la falta de convivencia y de sexo, Carlos y ella tenían de hecho una relación que pondría de todos los colores de envidia a amigas, pacientes y vecinas (que todavía hoy ponían cara de asombro cuando espiaban por su ventana algunas entradas y salidas del padre de los niños).

Laura había pensado que si no podía convivir felizmente con Carlos, a quien quería y valoraba, decididamente no podría hacerlo con nadie. Quizás por eso desde su separación y hasta aquel momento no había vuelto a pensar en una pareja ni siquiera ocasionalmente. Sólo había habido espacio para unos pocos encuentros placenteros y fugaces: explosiones de su feminidad y de su capacidad de gozar, de disfrutar de su propio cuerpo y del contacto con el cuerpo del hombre, que siempre había celebrado como su mejor complemento en sentido horizontal.

Querido Fredy,

Te mando la lista bibliográfica que me pediste. Me parece que me he excedido un poco en la cantidad de libros pero espero que tú recortes lo que te parezca y añadas lo que falte.

También te mando mis comentarios sobre el tema de los segundos matrimonios, que me parece fundamental, no sólo porque cada vez somos más, sino también porque he encontrado demasiados huecos sobre el asunto en la bibliografía y me ha dado la sensación de que es uno de esos temas de los que no se habla. Obviamente, si nuestros colegas sostienen aquella absurda posición de «la persona adecuada», entonces los intentos de matrimonio siguientes al primero no son más que parte de la búsqueda. Según esta postura, sólo durarán aquellas parejas que «se hayan encontrado», mientras que todos los demás seguirán buscando o, peor aún, lo harán hasta que se cansen, y a partir de ese momento someterán a sus parejas inevitablemente al plan de Procusto (cortándoles las piernas si la cama se les queda pequeña o estirándoles en el potro si les sobra espacio).

Te escribo a continuación lo que he estado pensando sobre el tema.

Cuando una pareja se separa, los padres y las madres, cada uno por su lado, empiezan a tener un vínculo con sus hijos en el que la relación que era de a tres pasa a ser de a dos: el hijo con el padre y el hijo con la madre. Estos vínculos empiezan a tener ciertas características y rutinas. Los hijos se acostumbran a una nueva relación de a dos bastante rápidamente y, por lo tanto, el dúo está establecido antes de que aparezca la posterior pareja.

Entonces se da la situación inversa a la de la familia original, en la cual la relación de los padres precedía a la llegada del hijo. En los segundos matrimonios, la nueva pareja es el tercero que aparece, pues la relación con el hijo ya está establecida y esto crea dificultades específicas que es bueno conocer para saber cómo desenvolverse, tanto más en las familias ensambladas, en las que cada uno de los cónyuges llega al nuevo matrimonio con hijos de una pareja anterior.

Sería bueno sincerarnos de entrada: los «padres» recién llegados no van a tener la misma relación con sus hijos carnales que con los hijos de su pareja y, evidentemente, el amor que sentirán los hijos por los padres biológicos es diferente del cariño que podrán sentir por la pareja de su padre o de su madre.

Aceptar esta realidad puede ser doloroso, porque tanto los nuevos padres como los nuevos hijos se sienten rechazados. Gran parte de las dificultades aparecen porque las nuevas parejas se casan con la fantasía de volver a tener la familia que deshicieron. Los conflictos surgen entonces cuando se empiezan a ver las diferencias entre la realidad y aquella expectativa. Como siempre, en la medida en que aceptemos la situación tal cual es, podremos tener un buen desarrollo junto con los hijos de ambos y los hijos en común. Es decir, si bien en la convivencia el padre o la madre recién llegados puede ocupar el lugar de papá o mamá por cuestiones prácticas de funcionamiento de la familia, esto no quiere decir que lo sea.

Muchas veces los hijos, incluso los padres, se resisten a otorgar poder al padre o la madre recién llegado, y esto crea problemas de base. Por eso afirmamos que es muy importante y urgente hablar de estos temas de fondo con la pareja, porque estos problemas estructurales aparecen disfrazados de problemas de convivencia en los que muchas veces no saben ni por qué se están peleando.

Y el fondo de la cuestión es el lugar que ocupa cada uno y el poder que tiene cada uno en la familia. Habrá que tomarse el trabajo de definir claramente y desde un principio el lugar de cada uno y el tipo de relación que deciden tener, para luego conseguir que esto quede claro para todos, evitando así las confusiones y los malentendidos.

Recordemos que si el volver a casarse significa el final de una época de soledad para el adulto y, por ello, un motivo de alegría, para los hijos implica el comienzo de otra etapa difícil que viene a sumarse a las pérdidas sufridas a raíz de la separación de sus padres o la muerte de alguno de ellos.

A muchos hijos se les crea un enorme problema de lealtad: «Si quiero a la nueva pareja de mi madre, estoy traicionando a mi padre».

Todos estos temas se pueden manejar si se habla de ellos. El problema es que no se habla y los conflictos quedan como *gestalts* incompletas que interfieren en la convivencia.

Una familia ensamblada crea situaciones difíciles de resolver, y esperar a que aparezcan estas situaciones ayuda a aprender a convivir con tales problemas. Dice Zinker: «Algunas diferencias son irreconciliables y deben ser aceptadas así. Uno puede amar y respetar a su compañero y aprender a aceptar la realidad existencial de que no todos los problemas se pueden resolver. El cine de Hollywood y la mayoría de los movimientos de crecimiento personal nos venden el mito de que todos los problemas interpersonales tienen solución».

Es verdad: hay cuestiones que no se resuelven. Sobre todo si la resolución pasa porque suceda algo imposible. La solución es aprender a convivir con esas diferencias y conectarnos en los puntos de unión; disfrutar en las áreas que podemos compartir y aceptar que hay pérdidas que no se compensarán con una nueva pareja, que hay necesidades de nuestros hijos que no podemos cubrir con nuestra segunda pareja.

La inteligencia de una pareja pasa por disfrutar lo que se tiene y no pelear para que ocurra lo que no puede ocurrir. Esta actitud, de paso, se acerca bastante a mi idea del mejor amor.

Un beso,

Lau

Capítulo 12

Laura se levantó con la idea del libro rondando en su cabeza. Ella había empezado a escribir tentada por aquella ocurrencia de Alfredo de editar juntos algo sobre parejas, pero, ahora que la semilla había germinado en su mente y en su corazón, las ganas eran propias (quizás más propias que ajenas, porque la colaboración de Fredy era poca y lenta). Era ella misma la que bullía con la fantasía de ver el libro publicado.

Fredy se había comprometido a ordenar los mensajes que ella le había ido mandando y a mezclarlos con sus propias ideas y con el trabajo que habían presentado juntos en los Estados Unidos.

Hizo un repaso de los temas sobre los cuales habían escrito y se dio cuenta de que habían vuelto una y otra vez sobre algunos puntos mientras que muchos otros sólo los habían rozado.

Encendió el ordenador y empezó a escribir.

Querido Fredy,

Quiero compartir contigo mi ansiedad... Me muero de ganas de ver nuestro libro terminado! He sentido ganas de trabajar en la visualización del producto acabado. He empezado a fantasear con que llegaba a una librería muy grande y muy importante en compañía de mi madre. En mi sueño, quería compartir con ella la primera vez que veía el libro publicado. Creo que es la persona que más se merece ese honor, por su dura experiencia en la vida. Y cuando he querido verlo me he dado cuenta de que no podía ni imaginármelo en el escaparate, porque ni siquiera sabemos todavía cómo se llama.

Me gustaría que habláramos sobre el título del libro.

En mi profesión y en mi vida he aprendido cuán cierto es eso que tú siempre dices: que sólo se controla aquello a lo que se le puede poner nombre.

Quizás esta necesidad de soñar o de poder viajar al futuro con la imaginación sea producto de alguna limitación personal. Si es así quiero poder aceptarla como parte de mí, aunque tal vez no sea una limitación exclusivamente personal. A lo mejor tiene que ver con mi condición de mujer y, en ese caso, no sólo quiero aceptarla como tal, sino que creo que empezaría a sentirme orgullosa de ella.

Sería interesante incorporar en el libro el tema de lo masculino y lo femenino en hombres y mujeres. Exponer un poco lo que sabemos de los hemisferios derecho e izquierdo del cerebro ayudará a entender y aceptar que, desde diversos aspectos, algunos meros determinantes biológicos, somos diferentes.

Es sabido que la mayoría de las mujeres tienen tendencia a la mirada holística y los hombres, a la mirada focalizada.

La mirada masculina tiene que ver con la actitud de dividir, analizar, focalizar, cambiar... En fin, con lo activo, que los neurobiólogos suelen identificar con la función del hemisferio izquierdo del cerebro (el dominante). La mirada femenina, en cambio, tiene más que ver con la conciencia de unidad, la capacidad receptiva, de espera, con la predisposición para entablar relaciones, soñar y crear (funciones aparentemente propias del hemisferio derecho).

En *La enfermedad como camino*,[7] Dethlefsen y Dahlke dicen, refiriéndose al cerebro:

> Uno y otro hemisferio se diferencian claramente por sus funciones, su capacidad y sus respectivas responsabilidades. El hemisferio izquierdo podría denominarse «hemisferio verbal», pues es el encargado de la lógica y de la estructura del lenguaje, de la lectura y de la escritura; descifra analítica y racionalmente todos los estímulos de esta área, es decir que piensa de forma digital. El hemisferio izquierdo es también el encargado del cálculo y la numeración. La noción del tiempo se alberga asimismo en el hemisferio izquierdo.
>
> En el hemisferio derecho encontramos todas las facultades opuestas: en lugar de capacidad analítica, la visión de conjunto de ideas, funciones y estructuras complejas. Esta mitad cerebral permite concebir un todo partiendo de una pequeña parte. Al parecer, debemos también al hemisferio cerebral derecho la facultad de concepciones y estructuraciones de elementos lógicos que no existen en la realidad. Aquí reside también el pensamiento analógico y el arte para utilizar los símbolos. El hemisferio derecho genera también las fantasías y los sueños de la imaginación, y desconoce la noción del tiempo que posee el hemisferio izquierdo.

Creo que es evidente que en las mujeres parece predominar el hemisferio derecho y en los hombres el izquierdo.

Norberto Levy dice: «Así como existe una relación de pareja con otro ser humano, existe una relación de pareja interior entre los aspectos femeninos y masculinos de la propia individualidad».

Todos estamos constituidos con polaridades. Tenemos aspectos masculinos y femeninos, activos y pasivos, débiles y fuertes.

7. Dethlefsen, Thorwald; Dahlke, Rüdiger, *La enfermedad como camino*, Plaza & Janés, Barcelona, 1994.

La cuestión es que si nos identificamos culturalmente con uno solo de estos aspectos polares, proyectaremos el otro hacia fuera.

La confusión que se produce habitualmente es creer que mi pareja es la causa de mi conflicto, sin darme cuenta de que es un conflicto interno entre dos aspectos polares que vengo acarreando, sin hacerlo consciente.

La misma energía que uso para pelearme con mi pareja es la que necesito para descubrir qué me pasa a mí.

A veces me pregunto si muchas dificultades que tienen las parejas no estarán, en última instancia, ligadas a la no aceptación de la diferencia de miradas entre el hombre y la mujer.

Uno no puede dejar de preguntarse, como Gray: ¿Cómo se armonizan dos personas que viven en mundos diferentes? ¿Cómo se pueden comunicar un hombre y una mujer si están en diferentes frecuencias?

Respuesta: sólo si pueden abandonar la idea de que hay un único punto de vista.

Es nefasto creer que el mío es el único lugar de análisis, aunque es peor aún dejarme convencer de que tú estás en el lugar de la mirada privilegiada. Es imprescindible incorporar las dos maneras de estar en el mundo para llegar a la integración con el otro y con uno mismo.

Respeto mi identidad y mi forma de ser en el mundo y, a partir de ahí, doy y reclamo respeto.

Hablando desde lo personal, admito que tengo tendencia a funcionar con una conciencia un tanto difusa y soñadora, y de hecho he intentado esforzarme mucho en los últimos años para incorporar una conciencia mas focalizada.

(Mientras escribo esto me río porque me imagino a todos los hombres que fueron pareja mía en los últimos años coincidiendo en que nunca percibieron el resultado de mis esfuerzos por incorporar la lógica a mi vida...)

El problema de la relación de pareja es que, si no tengo la flexibilidad para pasar de un nivel de conciencia a otro, cuando estoy instalada en un rígido punto de vista tiendo a rechazar a mi compañero, que piensa desde otra perspectiva.

Si me lanzo a la aventura de entender su manera de pensar, incorporo cosas nuevas pero sobre todo le incorporo a él.

El desafío de la pareja pasa por abrirse a una forma diferente de estar en el mundo: la del otro o la de la otra e integrarla en uno mismo:

Abrirse a un pensamiento nuevo, a una manera diferente de enfrentarse a la vida.

El amor empieza cuando descubro DE VERDAD al otro. Ya no es una idea de lo que debería ser, sino alguien nuevo que me sorprende con su originalidad.

Allí empieza el amor: con la sorpresa, con el descubrimiento...

En cambio, si solamente intento hacer encajar al otro en mis viejas ideas, no ocurre nada. Por lo menos nada «amoroso».

Abrirse al amor es abrirse a lo nuevo...

Amar es abrirse a lo real.

Laura

Y antes de enviarlo, añadió:

P.D.: ¡Exijo tu aportación!

Laura sonrió y caminó hacia el jardín para disfrutar de un rato de sol antes de irse a su consultorio.

Se recostó en el banco y se puso a pensar en las citas de aquella tarde: Héctor y Graciela, Marcelo y Patricia, Javier y Analía, Hugo y Beatriz, Armando y Carla.

Con Héctor y Graciela todo estaba bien: ambos habían entendido que debían escucharse para construir juntos y las cosas ahora se iban poniendo en su sitio, casi sin su participación.

Marcelo y Patricia habían empezado hacía una semana; él aparentaba ser un hombre fresco y agradable. Ella, en cambio, parecía exigente y ansiosa. Laura pensó que debía prestar atención para corroborar aquella primera impresión.

Javier y Analía habían acudido a su consulta debido a sus discusiones permanentes. Desde el principio, Laura intuyó que eran el clásico ejemplo de la pareja que había trasladado sus problemas personales a su relación. Laura había decidido considerarlos una pareja pero verlos por separado. Hoy vería a Patricia. Ella estaba trabajando la tortuosa relación con su padre, un alcohólico violento y poco afectuoso, para tratar de no desplazar sus reclamaciones a Javier que, muchas veces inocentemente (y otras no tanto), pagaba los platos rotos de aquella relación mal elaborada por su esposa.

En muchos aspectos, Beatriz y Hugo eran una pareja especial, principalmente por la identificación que Laura sentía con Beatriz. Su vida y la de Beatriz se parecían en muchísimas cosas: sus planteamientos existenciales eran coincidentes y sus pretensiones, idénticas. Pero aquella pareja también era especial porque ambos eran personas con ángel y hacían de aquella sesión semanal una hora diferente.

Muchas veces había pensado en derivarlos a otro especialista. Sin embargo, ni Beatriz ni Hugo habían aceptado nunca su propuesta de ver a otro terapeuta, quizás justamente por aquella afinidad que se percibía en sus encuentros. Y Laura se había dejado seducir por la idea de seguir con ellos. Actualmente pasaban por un momento muy reflexivo: los dos acababan de descubrir que podían concederse espacios de «no-control» y disfrutar de las consecuencias. Beatriz había vuelto a asistir a clases de pintura y Hugo había encontrado en aquellas ausencias el tiempo necesario para navegar por Internet en lugar de ponerse paranoico con «los demás», con los que ella se encontraba.

La preocupación de aquel día venía por Armando y Carla. En lo íntimo de su pensamiento, Laura no entendía por qué seguían juntos. Tenían una de esas relaciones «yo-yo», como ella las llamaba. Los vínculos «yo-yo» eran para Laura aquellos marcados por la mezquina actitud de los dos de ocuparse exclusivamente de sí mismos. También lo llamaba «yo-yo» porque iban y venían, subiendo y bajando de manera siniestra con peleas, separaciones, encuentros, gritos, insultos y efímeras reconciliaciones. También los consideraba «yo-yo», finalmente, porque muchas veces se enredaban con difíciles nudos y era imposible saber cómo deshacer el lío.

Los dos sabían que se mentían, manipulaban, competían y vivían resentidos. Salían con terceros a escondidas y coqueteaban permanentemente con otros y con otras. Sin embargo, se enfadaban con Laura cada vez que ella les sugería que se separaran aunque fuera transitoriamente, llenando la sesión de discursos repletos de lugares comunes que justificaban seguir adelante porque «nos amamos demasiado para separarnos», porque «yo sé que ella es la mujer (o él es el hombre) de mi vida», porque «cuando una ama debe luchar hasta el final por lo que ama», porque «no podría vivir sin él (o sin ella)», etcétera. Y Laura amagaba una pequeña insistencia y luego se resignaba un poco, aceptaba sus limitaciones otro poco y se preguntaba si después de todo no tendrían razón y era ella o toda la ciencia las que estaban equivocadas en los sofisticados análisis psicosociológicos de cada vínculo.

—Después de todo —se preguntaba—, ¿quién puede asegurar que separarse sea mejor para ellos que seguir adelante? ¿Será universalmente cierto que es mejor estar solo que mal acompañado?

A lo mejor Armando y Carla tenían razón, y Laura debía replantearse todas sus teorías sobre las parejas.

Se levantó del banco decidida a tener más cuidado en las próximas sesiones. La situación la involucraba personalmente y quizás era esa connotación lo que la condicionaba para valorar la pareja como inviable.

Debía estar alerta para no contaminarse.

En cierto modo, ella misma no estaba en pareja porque no aceptaba una relación mediocre y convencional. Ella jamás había podido sostener un vínculo por el vínculo mismo, sino que siempre había pretendido más.

El resto del día transcurrió sin sorpresas, e incluso la sesión con los conflictivos Armando y Carla resultó interesante y productiva.

Laura regresó a casa satisfecha con su profesión y su especialidad.

En el ordenador le esperaba un mensaje.

Laura,

He estado pensando en tus ideas.

Cada día te veo más clara y más sabia.

Te adjunto algunas cosas que he leído y que he estado pensando.

Dice Castillejo que hay tres razones principales que impiden el encuentro. La primera es que a veces intentamos comunicarnos cuando estamos en niveles distintos de conciencia. Como tú dices, hay dos maneras de estar en el mundo: una sería desde la conciencia focalizada, y la otra, difusa y globalizadora.

La primera tiene que ver con la lógica y es la mirada analítica. La segunda tiene que ver con la percepción holística del mundo, verlo como una totalidad, e incluye las emociones y las vivencias: es la mirada de la experiencia.

Cuando dos personas tratan de comunicarse y una está hablando desde la lógica y la otra desde lo que pasa, el encuentro es imposible. Es como intentar una comunicación desde dos idiomas distintos, un choque de paradigmas.

Es fundamental que nos demos cuenta desde dónde nos está hablando el otro: cómo se ve el otro a sí mismo, cómo me ve a mí, cómo ve lo que nos pasa.

Si yo estoy acostumbrado a ver las cosas desde mi conciencia difusa o desde mi intuición, querer encontrarme en armonía con otro que mira la vida desde la coherencia es, en principio, una pretensión casi imposible.

La propuesta es que yo me abra a otra manera de ver las cosas, y entonces no sólo podré encontrarme con el otro, sino que incorporaré para mí mismo esa otra manera de estar en el mundo. Si una pareja plantea un problema y él lo ve desde la lógica y ella desde lo que siente, es muy difícil que se entiendan si antes no perciben y aceptan como punto de partida esas diferencias.

Yo creo que, afortunadamente, en la actualidad hay un cambio: las mujeres están ocupándose de desarrollar el lado masculino y los hombres, el femenino.

Como tú muy bien dices, si yo acepto y respeto tu mirada y la voy integrando en la mía, eso es crecimiento para mí. Si la rechazo tratando de convencerte de lo que pienso, me quedo solo e igual a mí mismo.

Sin embargo, esto es lo que hacemos: tratar de que el otro haga las cosas como a nosotros nos parece, sin detenernos a pensar que el otro puede darnos una opción mejor, diferente, nueva...

Con respecto a las demás actitudes que impiden el encuentro, Castillejo habla de la dificultad para estar presentes. Si nos escondemos detrás de disfraces, no podemos tener contacto con nadie, pues nadie puede conectar verdaderamente con un personaje de ficción.

Otra forma de no estar es el autoengaño; las personas no se dan cuenta de lo que les pasa, pero casi siempre tienen una explicación coherente de su sufrimiento, un libreto que justifica todo lo que les pasa pero que realmente no tiene nada que ver con su verdadero dolor. ¿Cómo podría alguien ayudarme o entenderme si yo mismo estoy confundido respecto a lo que me lastima o lo que necesito?

El tercer tema es la dificultad para escuchar. Esperar con más o menos paciencia a que el otro termine de hablar sólo para poder decir lo que ya estábamos pensando no necesariamente es dialogar, sino que muchas veces es la mezcla y la superposición de dos monólogos... En estos casos, las personas no se conectan para nada con lo que el otro dice, no se escuchan porque cada uno de ellos ya ha decidido que tiene la razón y, por lo tanto, lo único que están dispuestos a hacer es esperar que sea su turno para poder argumentar y demostrarlo.

Me ha encantado lo de «las razones del desencuentro», ¿y a ti?

Te mando un millón de besos. Hasta pronto.

Fredy

P.D.: Nunca he sabido qué te pareció el cuento de mi paciente Roberto.

El mensaje que llegaba de *trebor* parecía explicarle lo que le pasaba con la pareja del conflicto. Ella estaba intentando usar su razonamiento y su coherencia para proponer la más pertinente solución. En definitiva, estaba utilizando su mirada lógica, mientras que entre los dos usaban excluyentemente su mirada emocional y se expresaban desde sus temores, desde sus necesidades infantiles o desde sus demandas insatisfechas. Cuanto más lógica se ponía ella, más irracionales parecían los planteamientos de la pareja. No en vano, cuando Laura dejó de tratar de imponer su punto de vista ellos suavizaron sus reticencias a aceptar su ayuda.

Laura fue hasta su escritorio y empezó a escribir un mensaje.

Fredy,

Dos cosas:

Primera: gracias por tu último e-mail. (No te imaginas cuánto me ha ayudado.)

Segunda: he estado releyendo el cuento de Egroj y, de nuevo, como cuando me lo enviaste, me ha encantado. Te mando mis comentarios.

Si de verdad esa historia se corresponde con el mito que él traza sobre su existencia, tiendo a pensar en Roberto como alguien de gran potencialidad y, sobre todo, con una estructura muy sana.

Siempre he creído que la salud consiste en abrir puertas y ventanas hacia el mundo, y encuentro en el planteamiento del cuento una actitud similar: la de construir puentes y caminos, recursos que, si bien en la historia están hechos básicamente para ver venir (desde el punto de vista psicológico, para recibir), indudablemente sirven también para salir, para ir a buscar y, aún más, para explorar el afuera, recoger, aportar (simbólicamente, dar).

De todas formas, si tuviera que pensarlo en función del niño herido, yo intentaría ayudarlo a que mantenga los caminos y los puentes transitables, pero que trabaje buscando lo que necesita «de murallas adentro», y que utilice esas vías para compartir con el exterior lo que tiene dentro de sí mismo.

Creo escuchar en este relato el de una persona que sigue con la mirada puesta en el regreso de lo que no fue. Y no estoy diciendo que no sea sano atreverse a esperar a quien amo; me refiero a lo hermoso que sería no esperarlo dejando que mi corazón se me salga del pecho con la sorpresa de ver venir por el horizonte lo que yo tanto deseaba, pero ya no esperaba. Quizás esto ayude a no ser tan exigente con lo que viene hacia mí por el camino.

Porque si espero la fanfarria con las banderolas blancas y los estandartes dorados, y llega con paso firme la caravana abanderada en verde y sin estandartes, corro el peligro de no reconocerla, de no darme cuenta de que el desfile viene hacia mí, de dejarlo pasar sin festejo, de vivir llorando porque no ha ocurrido cuando, en realidad, no he sabido distinguir que estaba ocurriendo.

Laura

Se quedó pensando en su propia idea: el peligro de no reconocer lo que viene hacia mí porque no se corresponde con la forma en que me lo había imaginado...

Ella también era como Egroj.

Después de haber vivido gran parte de su vida mirando el horizonte, había dejado de esperar. Y eso no era lo inquietante. Lo inquietante era... ¿Reconocería la escuadra triunfal cuando apareciera en su horizonte?

Como cada vez que tenía una movida interna, llamó a su amiga Nancy.

—¿Cómo estás? —preguntó Nancy inocentemente.

—Más o menos —abrevió Laura.

—¿Por qué?

—Creo que me he identificado con un paciente y me ha sentado muy mal —contestó Laura, sabiendo que Nancy, colega suya, podría entenderla.

—¡Qué mal! —opinó Nancy—. ¿De qué va?

—Tú sabes que yo había renunciado a la idea de volver a estar en pareja, y de repente me encuentro con que el planteamiento de una parejita a la que atiendo, el *e-mail* de un colega y el cuento de un paciente me hacen replantearme mi postura. Y lo peor es que por primera vez tengo la sensación de que no puedo sostener los argumentos que he estado esgrimiendo, ni siquiera ante mí misma.

—Es que tú siempre te has refugiado en una idea demasiado estrecha respecto de tu futuro amoroso —comentó Nancy.

—¿Por qué me dices eso?

—Mira. Yo muchas veces te he enviado pacientes: hombres, mujeres y parejas. Sé lo entusiasta que eres. A cada persona que te escucha, le hablas, le enseñas, le insistes y le explicas la importancia de estar en pareja, la diferencia en el crecimiento personal, el marco ideal del desarrollo humano, las virtudes irremplazables de la convivencia, etcétera, etcétera. Pero para ti parece que utilizas otro manual. Para ti te quedas con la dificultad, lo improbable, los condicionamientos, la soledad...

—¡Oye, para! Yo no estoy sola...

—Tú entiendes lo que quiero decir, Laura. Quizás sea ya hora de repensar tus decisiones. Después de todo —sentenció Nancy— ¡estamos en edad de merecer! ¿O no?

Y las dos rieron por teléfono durante un largo rato.

Capítulo 13

Fredy,

¿Has revisado la lista bibliográfica que te he enviado?

Hay un tema que prácticamente no figura en ninguno de esos libros. Yo lo llamo «la paradoja del amor» o «el dolor del desencuentro». A grandes rasgos es lo siguiente.

La pareja real no puede evitar el sufrimiento. Una se da cuenta y se queda sola «hasta que aparezca» la pareja ideal (que, justamente por ser ideal, no existe). Con lo cual, el sufrimiento, lejos de evitarse, reaparece constantemente.

Toda relación íntima en la que podemos abrirnos y lograr encuentro y entrega es de las cosas más gratificantes que podemos vivir. En ella buscamos contacto, amor e intimidad, porque son estas las situaciones que más nos enriquecen, las que nos hacen sentir vivos, las que nos llenan de fuerza y de ganas.

La paradoja empieza cuando nos damos cuenta de que, al mismo tiempo, estas relaciones son justamente las que nos provocan mayor sufrimiento y mayor dolor, muchísimo más que ninguna otra.

Cuando nos abrimos a la intimidad, al amor, al encuentro, nos exponemos también a sufrir y a sentir dolor.

La fuerza que naturalmente nos empuja a dejarnos llevar por nuestras emociones y a generar el encuentro, se enfrenta con la natural tendencia a cuidarnos para no sufrir, porque intuimos, con certeza, que si nos abrimos a una persona esto le concederá al otro la posibilidad de herirnos.

Todos tenemos una personalidad, una coraza que no quiere asumir el riesgo de ser lastimada y, por lo tanto, se cierra.

El niño necesita el amor de los padres, y va estableciendo su personalidad para conseguir ese amor. Si veo que me prestan más atención cuando estoy débil, voy a moldear una personalidad en torno a la debilidad. Si veo que se sienten orgullosos cuando soy independiente, voy a planificar una personalidad fuerte, me voy a decir a mí mismo que yo puedo solo o que no necesito ayuda. La personalidad que creamos nos sirve para funcionar y para lograr que nos quieran. Creamos una máscara y nos identificamos con ella. Nos vamos olvidando de quienes somos y de lo que verdaderamente queremos.

Amor e intimidad sólo pueden darse cuando nos abrimos **presentes** a alguien. Pero esto es imposible si estamos con la armadura puesta, encerrados en nuestro castillo o escondidos en nuestra estructura.

Tampoco es cuestión de descartar esta personalidad: la hemos construido para poder enfrentarnos a algunas dificultades de la vida. La idea es observarla, conocerla y darnos cuenta de cuándo juega en nuestra contra interrumpiendo el contacto verdadero.

Este es el trabajo que proponemos: observar nuestra manera especial de estar en el mundo, ser conscientes de los roles en los que nos hemos quedado estancados.

La paradoja continúa porque no hay mejor oportunidad que esta relación íntima potencialmente destructiva para volver a encontrarnos y para deshacernos de nuestras máscaras habituales.

Así, muchas veces terminamos resolviendo esta paradoja evitando el sufrimiento, impidiéndonos el amor y privándonos del encuentro íntimo.

En nuestro intento de decir no al dolor decimos no al amor. Y lo que es peor, nos decimos que no a nosotros mismos.

Cuando nos enamoramos, la inconsciencia del amor nos lleva en un primer momento a abrirnos y a conectarnos con nuestro verdadero ser. Esto hace que el enamoramiento sea algo tan maravilloso, porque nos da la oportunidad de abrirnos, de mostrarnos tal como somos.

El enamoramiento es un encuentro entre dos seres que son.

Venimos representando papeles, funcionando como robots programados, y de repente ocurre el milagro... Nos quitamos nuestros disfraces y regalamos nuestra presencia a aquel del que nos enamoramos.

Sabemos que esto no dura mucho. Antes o después aparecen los obstáculos, las tendencias, los hábitos, las defensas.

Sería bueno aprender que el único camino para superar estos obstáculos es estar allí con ellos en vez de negarlos o proyectarlos en nuestro compañero.

El problema se presenta cuando nos identificamos con nuestra coraza y nos sentimos seguros así. Nos protegemos de nuestros sentimientos incómodos aprendiendo a no sentir, a desconectarnos de nuestras necesidades, y las defensas se convierten en una identidad que nos separa de lo que sentimos y nos impide amar.

En la pareja podemos observar cómo y cuándo nos abrimos y cómo y cuándo nos cerramos al otro, y al saber más sobre la desconexión podremos crear un canal para abrirnos.

Las parejas proyectan en el otro el lado que se cierra, y transportan aquella pelea interna a una pelea externa. Y entonces pensamos que es el otro el que se cierra, el que no nos deja entrar, el rígido.

Si transitamos este camino juntos y con amor, podremos, en lugar de reaccionar frente a la reacción del otro, mostrar qué nos pasa cuando el otro se aleja, cuando se cierra. Debo escuchar de mi compañero qué actitudes mías le hieren y le hacen alejarse de mí.

Los problemas de pareja empiezan cuando dejamos de estar presentes para nosotros mismos y para el otro, cuando volvemos a escondernos detrás de roles fijos, de pantallas; cuando empezamos a sentir el dolor del alejamiento del otro, que muchas veces es una proyección de cómo nos alejamos nosotros mismos.

Cada vez creo menos que la cuestión sea resolver los problemas concretos por los que dicen sufrir las parejas. Si nos metemos más profundamente en cada pelea, siempre llegamos a este punto de falta de contacto, de falta de apertura.

Si yo puedo abrirme y mostrar mi dolor frente a cualquier problema, y mi compañero hace lo mismo, quizás los problemas se vayan acomodando solos en otro plano de conflicto, porque lo más importante será que estamos juntos mostrándonos, que estamos en contacto, abriéndonos a lo que pasa. Y eso es muy reconfortante.

Abrirnos y confiar en que el otro nos recibe tal como somos es una actitud que viene y nos lleva al amor.

No tengo que disfrazarme de fuerte para que me quieras. Si lo hago nunca sabré si eres capaz de quererme como verdaderamente soy: vulnerable, débil o lo que sea.

Te ato entonces a la imagen de aquellos que durante mi educación me ayudaron a pensar que yo debía ser de esta o de aquella manera para ser querido.

No es fácil llegar al punto de atreverse a mostrarse; nos da miedo que nos crean vulnerables, por ejemplo. Pero si soy vulnerable (y por supuesto que lo soy) necesito que aceptemos (tú y yo) mi vulnerabilidad para estar presentes y entregarnos.

Es difícil en la pareja porque los dos jugamos este juego, y si me abro y el otro se cierra, el dolor es muy grande.

Por eso la relación íntima genera tanto sufrimiento, porque estamos cabalgando siempre en esta problemática, en este juego.

Quizás esto ayude a nuestros lectores a observar todo este proceso en sus parejas y a hacerlo consciente, que es la manera de superarlo.

Podemos observar la verdadera pelea que se suscita en nuestro interior entre la parte que quiere expandirse, ir hacia fuera, mostrarse, y la parte que quiere esconderse porque tiene miedo de ser descalificada, no querida, rechazada, abandonada.

Los problemas concretos que tenemos con nuestras parejas son una capa más superficial de este problema fundamental que está por debajo de todos los demás. Podemos utilizar los problemas cotidianos como una vía de acceso a estos problemas más esenciales que se juegan todo el tiempo en la relación. Y en este camino nos enriquecemos constantemente, porque nos acercamos cada vez más a nosotros mismos, que es la única manera de sentirnos bien: de sentir amor, paz y alegría. En última instancia, es lo que estamos buscando, porque todos buscamos sentirnos bien. Lo que pasa es que tomamos caminos inadecuados...

A veces las parejas me preguntan:

—¿Cómo podemos estar juntos si siempre queremos cosas diferentes?

Y yo les digo que, en esencia, siempre quieren lo mismo, porque todos queremos, básicamente, lo mismo: poder amarnos, unirnos, abandonar la armadura y entregarnos.

Quizás la salida consista en darnos cuenta de que el camino prefijado ha demostrado ser inútil. Habrá que dejar de lado nuestras viejas identificaciones y buscar un rumbo nuevo todo el tiempo, soltar nuestras viejas estructuras para inventar un camino juntos: enfrentarnos al miedo a la confusión y al vacío. No podemos esperar a deshacernos del miedo para avanzar. Sólo seremos capaces de avanzar con él.

Todas las parejas tienen problemas, asuntos no resueltos. La idea no es arreglar los problemas, porque si nos dedicamos a un problema particular, mañana aparecerá otro y así sucesivamente. La idea es apartarnos del contenido particular del problema y darnos un nuevo contexto para mirar lo que nos pasa: observar los problemas con otra mirada, sin identificarnos sólo con nuestro lado; alejarnos de la idea de arreglar las cosas para quitarnos el problema de encima.

Esta propuesta tiene que ver con ir más allá de lo que vemos en una primera mirada y ver cuál es el fondo de la cuestión: de qué estamos hablando realmente, cuál es la verdadera causa de la pelea que se expresa de esta particular manera.

No es fácil colocarse en esta nueva mirada, porque va en contra de nuestra cultura, que tiende a arreglar las cosas cambiando algo de fuera.

Y como el arreglo de fuera nunca es suficiente, solemos echarle la culpa una vez más a la incompatibilidad de caracteres o a no haber encontrado a la persona adecuada.

La paradoja del amor...

(De paso, si te gusta, quizás hasta podría ser un título para el libro.)

Lau

No quiso releer lo escrito porque sabía que hablaba de ella tanto como hablaba de sus pacientes, y que denunciar esta situación la dejaba demasiado expuesta. Como decía Nancy, tal vez ella misma había cancelado su proyecto de estar en pareja para resolver la paradoja, y quizás se había equivocado.

A pesar de su inquietud, Laura reconoció sentirse aliviada por haber puesto por escrito su vivencia personal. Quería saber lo que opinaría Fredy después de leer su texto. Tenía pocas dudas de que su colega percibiría con toda claridad lo que había de personal en sus planteamientos. Aunque Fredy era tan despistado que nadie sabía cuándo podían ocurrir esas cosas.

Se sorprendió de sí misma cuando, al día siguiente y sin razón aparente, abrió su administrador de correo buscando la respuesta de *trebor*. Pero más la asombró su frustración al no encontrar mensajes. No era usual que Laura estuviera pendiente de nada, y mucho menos de una respuesta.

El asombro se fue convirtiendo en fastidio. La expectativa dio lugar a la ansiedad y la frustración se volvió irritación.

Después de una semana, sólo un mensaje había llegado a su buzón: la invitación para el nuevo congreso de la Asociación Gestáltica Americana.

Quizás Fredy aceptaría volver a ir con ella. Pensó que le gustaría pasar más tiempo con aquel hombre con el que tanto se enfadaba pero a quien admiraba en muchos aspectos.

—¡Calma, Laura! —le advirtió una voz interior que ella sospechaba que era la de su madre. Pero, aunque hubiera sido la de su madre, esta vez Laura no pudo obedecerla.

Sentía la excitación. Indudablemente, aquella ansiedad era algo más de lo que parecía ser...

A lo mejor debía llamarlo por teléfono y, simplemente, pedirle que leyera y contestara su mensaje. A pesar de que nunca lo había llamado, en su agenda tenía apuntados todos los números que Fredy le había pasado en Cleveland. ¿Por qué no?

Buscó su agenda, encontró el número y marcó. El timbre de llamada ya estaba sonando cuando recordó que Fredy le había dicho que no estaría en la ciudad hasta el lunes.

Colgó sin esperar que respondiera el contestador.

Cuatro largos días pasaron hasta que el mensaje de *trebor@hotmail.com* apareció en su pantalla.

Laura:

Me alegra saber que algo de lo que te he escrito te ha servido personalmente. Lo creas o no, esa frase ha representado un gran halago para mí. Valorando como valoro tus conocimientos y experiencia, me siento como si Pavarotti me hubiera escuchado cantar en la bañera, o casi.

¿Y a ti qué te pasa?

Yo creía que tenías el tema mejor resuelto que nadie, pero después de leer tu último mensaje me he dado cuenta de que, como todos los terapeutas del mundo, eres mucho más hábil con los conflictos ajenos. ¡Qué suerte! Ya nunca más me sentiré solo en esas situaciones de impotencia que hasta hoy me hacían dudar de mi capacidad profesional.

Alentado por tu actitud, me atrevo a más...

Estoy seguro de que es un acto de mezquindad por tu parte «retirarte del mercado». Algunas decenas de hombres que conozco matarían a su madre por encontrar una mujer como tú. No estoy dispuesto a admitir que ninguno de ellos te guste o sea suficiente para ti.

Mi propuesta es esta: EXPLORAR.

Deja que se acerque el próximo tipo que aparezca y date permiso para ver qué pasa. ¿Quién sabe? Quizás...

Pido disculpas si te parece que mi consejo no está a la altura de dos terapeutas como nosotros, pero tengo la sensación de que a veces lo simple aporta las mejores soluciones.

Tengo dos cosas más que decirte. He estado pensando sobre el título del libro. He releído lo que escribiste y, a partir de la paradoja, me he acordado de un poema de Marguerite Yourcenar que dice más o menos así:

> *Amarte con los ojos cerrados*
> *es amarte ciegamente.*
> *Amarte mirándote de frente*
> *sería una locura...*
> *Yo quisiera que me amaran con locura.*

Y, pensando en esa idea y en el mensaje de nuestro libro, se me ha ocurrido proponerte que lo titulemos *Amarse con los ojos abiertos*.

Piénsalo. Me parece que tiene mucho que ver con nosotros...

Y, por último, algo que no tiene ninguna relación con lo anterior. O tal vez sí.

¿Te acuerdas de mi amigo y ex paciente Roberto? Sí, el del cuento de Egroj. Bueno, pues resulta que le he leído tus comentarios y se ha quedado fascinado (más que yo) con tu claridad e inteligencia. Y entonces, en aquel mismo momento, me dijo que quería consultarte algunos aspectos de su relación de pareja. ¿Podrías atenderle aunque sea unas cuantas sesiones para orientarlo?

No quiero que le regales nada. Tan sólo me gustaría que lo atendieras como a un paciente más, que le cobres tus honorarios y, después, si quieres, me des tu opinión sobre el asunto.

Si tu respuesta es sí, como espero, escríbeme diciéndome a qué número debo pedirle que te llame.

Gracias por adelantado.

Fredy

Laura escribió enseguida un breve mensaje. Le había encantado el título inspirado en Yourcenar, porque en una sola frase sintetizaba gran parte de lo que querían transmitir. Sin lugar a dudas, podría atender a Roberto en algunas consultas. Para ello enviaba su dirección, sus teléfonos y sus horarios de consultorio.

De todo lo demás, su mensaje no decía ni una palabra. Laura sabía, pese a no mencionarlo, que la invitación de Fredy a «seguir intentándolo» la había movilizado y que aquello la tendría ocupada un buen rato.

Capítulo 14

—Hola. ¿Laura? —dijo una agradable voz a primera hora del lunes.

—Sí —contestó ella.

—Mire, yo soy el paciente del que le ha hablado el doctor Daey.

—Ah, sí. ¿Qué tal, Roberto?

—Qué agradable saber que usted recuerda mi nombre...

Por un momento, Laura no supo qué decir. La respuesta era demasiado íntima para una persona a la que no conocía. A lo mejor se había equivocado al llamarlo por su nombre. Quizás se estaba persiguiendo a sí misma y Roberto estaba sinceramente sorprendido y se sentía de verdad agradecido por no recibir la fría respuesta de un contestador automático.

Laura recordó la primera vez que se atrevió a contactar con un terapeuta: después de varios días reuniendo fuerzas, llamó y una voz metálica le contestó: «Este es el consultorio de la doctora H... No podemos atender su llamada. Inmediatamente después de la señal deje su nombre, apellido y número de teléfono. Le llamaremos en cuanto nos sea posible».

«Inmediatamente después de la señal...» había colgado y abandonado la idea de pedir hora con la doctora H...

—Hola, Laura —siguió Roberto—. ¿Está ahí?

—Sí, Roberto, perdón. ¿En qué le puedo ayudar?

—Bueno, a mí me ha recomendado Fredy, quiero decir, el doctor Daey. Yo quería pedir una entrevista con usted.

—Déjeme ver... —dijo Laura mientras abría su agenda—. ¿Podrían venir el jueves a las... seis?

Se produjo un silencio en la línea y, al cabo de unos segundos, la comunicación se cortó.

—¿Hola? —intentó Laura sabiendo que sería inútil—. ¿Hola? ¡Hola!

Apretó el botón gris de su teléfono inalámbrico y, con el aparato en la mano, fue hasta la cocina a hacerse un té a la naranja. Mientras lo bebía, advirtió con sorpresa que se había quedado pendiente de la llamada. La interrumpía la extrañeza de que el paciente no volviera a llamar enseguida.

Durante la mañana se acercó dos veces al aparato para comprobar que la línea funcionaba.

—Ya llamará —se dijo para cerrar internamente el asunto.

Durante el resto del día no se acordó de lo sucedido pero, al anochecer, de regreso a casa en su coche, pensó que debía escribir a Fredy contándole el intento fallido de su amigo por conseguir la entrevista.

Afortunadamente no lo hizo, porque el martes, cerca del mediodía, sonó su teléfono.

—Hola.

—¿Puedo hablar con Laura, por favor? —dijo Roberto.

—Hola, Roberto —contestó Laura con genuina alegría, reconociendo la voz—. ¿Qué le pasó ayer?

—Nada, se me cortó la comunicación y después no pude volver a llamarla en todo el día. Le pido disculpas.

—No, está bien.

—Cuando se cortó le estaba diciendo que Cristina y yo queríamos pedirle hora para verla.

—Sí. Y yo le ofrecí el jueves a las seis. ¿Les viene bien?

—Estoy seguro de que sí.

—Bueno, nos vemos pasado mañana en el consultorio. Usted tiene la dirección, ¿verdad?

—Sí, gracias.

—Hasta el jueves, entonces —se despidió Laura.

—Hasta el jueves —dijo Roberto.

En muchos aspectos, Cristina y Roberto eran una pareja más, un poco «despareja», como diría su madre, pero una pareja al fin. El jueves llegaron puntualmente y la sesión duró casi dos horas. Al final de la sesión, Laura sentía que la relación entre ellos estaba terminada desde hacía tiempo y que lo único que los mantenía era el recuerdo, la costumbre o no sabía ella qué cosa. No era la primera vez que recibía a una pareja que claramente estaba muerta y que en el fondo la consultaba para poder separarse.

Lo que se había dicho en la reunión no era demasiado diferente de lo sucedido en cientos de otras primeras entrevistas anteriores. Sin embargo, Laura se había quedado en un lugar diferente.

Tan diferente que el viernes decidió dejarse un hueco para ver a Nancy y contárselo.

—Es raro —empezó Laura—. Durante toda la sesión tuve la impresión de que ella no existía para él. El tipo hablaba casi exclusivamente conmigo, hasta te diría que ni siquiera cruzaba la mirada con Cristina.

—A lo mejor a él no le interesa nada la relación con ella —arriesgó Nancy.

—Podría ser, pero entonces... ¿Para qué llamó pidiendo una sesión de pareja? ¿Para qué se preocupó de pedir a Fredy mis teléfonos? ¿Por qué aceptó otra cita para volver a vernos? No encaja.

—Mira —empezó Nancy muy segura—. Según mi experiencia a veces los hombres aceptan estas entrevistas para complacer a sus parejas aunque en realidad van solamente a demostrar que no hay nada que hacer. A lo mejor el pobre hombre está siendo presionado por la chica y está empeñado en demostrar que ha hecho todo lo posible, que «incluso ha encontrado una terapeuta». Es un clásico.

—Lo que pasa es que en este caso no me cuadra. Primero porque Cristina no parece el tipo de chica que fuerza situaciones como esta. Desde mi intuición te diría que es ella la que ha venido para complacerle a él. Segundo, porque ellos estaban separados. Por lo que me han contado, él la ha llamado para venir a la consulta. No, no es eso.

—Bueno, vamos a seguir el camino de tu intuición terapéutica —propuso Nancy—. Ella ha ido a la consulta para complacerle a él. ¿Y él? ¿Para qué ha ido él?

—Eso es lo que no sé, y seguramente es lo que más me intriga.

—Mmm...

—¿Qué pasa? —preguntó Laura.

—Me parece que si él no ha ido por su pareja, y teniendo en cuenta que en ese consultorio sólo había dos personas más, Roberto ha tenido que ir por alguna de las dos... Por él mismo... O por ti.

—¿Por mí? —Laura reconstruyó mentalmente la sesión del día anterior—. Ahora que recuerdo, una de las cosas que apunté en el informe de la sesión fue que en muchos momentos sentí que intentaba seducirme con sus comentarios y sus conocimientos previos.

—Tal vez fue así —añadió Nancy.

—Yo interpreté que era una de esas conductas habituales en muchos pacientes que tratan de conquistar la simpatía del terapeuta para conseguir que más adelante se pongan de su parte cuando se planteen los problemas de la pareja.

—Puede ser. El diagnóstico lo dará tu propio informe. ¿Tú te sentiste manipulada o seducida?

—No sé, no sé —respondió Laura—. Tú sabes que estoy en un momento especial. Tengo miedo de equivocarme totalmente al percibir en esta consulta lo que, de alguna manera, estoy deseando que me pase en la vida real.

—Un momento, para. La psicoanalista aquí soy yo. Dime, ¿este no es el paciente que me contaste que escribió aquel cuento del príncipe y que se quedó encantado con tu comentario y que entonces pidió tu número de teléfono?

Laura asintió con la cabeza y dijo:

—¿Sabes lo que estoy pensando? Cuando llamó para pedir hora yo le propuse una cita y le pregunté, como hago siempre, si podrían venir, y ahora me doy cuenta de que después de un silencio raro, supuestamente la comunicación se cortó y Roberto no me llamó hasta el día siguiente...

—Bueno... Está todo claro. Él tenía la fantasía de ir solo a tu consulta y tu pregunta le despistó. Lo que sigue es lógico: llamó a Cristina y le propuso acudir a una sesión de terapia de parejas.

Nancy extendió el brazo para alcanzar un cruasán y, antes de llevárselo a la boca, satisfecha con su deducción, añadió en tono de sentencia:

—Te aseguro que Roberto va por ti y no por Cristina.

—¿Tú crees? Fíjate... —dijo Laura, y se puso a mirar por la ventana del bar.

Laura nunca se habría dado cuenta de que estaba sonriendo si Nancy no se lo hubiera hecho notar.

El sábado por la mañana, Laura se sentó delante de su ordenador. Sentía urgencia por escribir.

Querido Fredy,

Me gustaría reflexionar sobre cómo la gente se inventa cuentos, cómo crea historias y se las cree.

¿No te parece impresionante que alguien se una o se separe, sufra o se aleje una y otra vez, y no tenga claro por qué?

«Los hombres no sirven para nada», «yo necesito un hombre fuerte y siempre me tocan los débiles», «ya se me pasó el arroz», «tal como soy nadie me va a querer», «los hombres sólo quieren acostarse con una y luego se van», «las mujeres lo único que quieren es un tío que las mantenga», «yo con alguien así jamás tendría nada», etcétera, etcétera...

Cada uno tiene una serie de condicionamientos neuróticos que intenta encajar en su relación con los demás. Los cuentos que se inventa cada uno no serían tan graves de no ser porque terminan por convertirse en profecías que se acaban haciendo realidad.

Por ejemplo, una mujer que teme ser abandonada, cada vez que nota que su pareja se aleja un poco le reprocha: «¿Ves como no me quieres, que siempre me dejas sola?».

Si el hombre estaba tomando una pequeña y momentánea distancia, ella, con sus reproches, refuerza la actitud de él de distanciarse hasta que el hombre se siente abrumado y acaba por dejarla.

Así, ella confirma su teoría de que los hombres siempre la dejan sola, de que no se puede confiar en ellos, etcétera.

En estas situaciones es importante tomar conciencia. Darnos cuenta de qué hacemos para repetir la historia es el primer paso para dejar de hacerlo.

En las parejas, los guiones de cada integrante se apoderan cada vez más de la relación e influyen en la percepción que cada uno tiene del otro. Cada uno asigna a su compañero un papel en su historia, y entre los dos crean una realidad distorsionada.

Las personas establecen sus relaciones con una idea de lo que va a ocurrir, se comportan como si eso ocurriera realmente, hasta que consiguen que suceda.

He visto a la pareja que me enviaste, Roberto y Cristina. Cada uno vino, como siempre vienen las parejas, con sus creencias a cuestas: ella con la idea de que en una buena pareja el otro debe ser la principal prioridad, y él con la convicción de que los problemas del vínculo se deben a que son diferentes, «porque en una pareja lo importante es coincidir».

Hay que ayudar a la gente a escapar del mito que supone que si nos queremos tenemos que coincidir en todo. No es así: amarse no significa pensar igual ni quererte más que a mí mismo. La cuestión es que me respetes como soy. La cuestión es «amarse con los ojos abiertos», como el título de nuestro libro.

Cuando podemos lograr esto en una pareja, no es tan difícil ponerse de acuerdo porque ya hay un acuerdo esencial: yo te acepto como eres y tú me aceptas como soy.

Deberíamos insistir acerca de lo maravilloso que es sentirse aceptado tal como uno es, porque la aceptación nos da sensación de libertad: es como un motor que nos permite soltarnos. Es importante trabajar para aceptar a nuestro compañero tal como es, viéndolo en su totalidad, descubriendo su sistema de funcionamiento y respetando su manera de ser.

Cuando uno de los integrantes de una pareja dice: «Me gustaría que fueras menos esto o más lo otro», no se da cuenta de que si el otro cambiara realmente, cambiaría entonces todo el sistema. Es más, nadie podría garantizar que la persona que reclama el cambio siguiera sintiendo que el otro le gusta, porque el cambio lo habría convertido en otra persona.

Sabemos que queremos al otro tal como es: no podemos saber si lo querríamos si fuera de otra manera.

Las personas somos un paquete completo y amar es poder aceptar al otro como un solo paquete, quererlo tal como es, sin intentar cambiarlo. En fin, es todo un desafío... Un desafío que empieza por uno mismo.

«Aceptarse» empieza por «aceptarme».

«Aceptarse», lo repetiré hasta el cansancio, no significa resignarse o creer que no hay posibilidad de mejorar. Todo lo contrario: estamos convencidos de que es ese movimiento de aceptación y paz —y ninguna otra cosa— el que puede generar el cambio verdadero.

Todo cambia naturalmente. Si me doy cuenta de esto me entrego sin miedo, porque sé que no me voy a quedar estancado, que la vida es un fluir permanente.

Aunque suene contradictorio, querer cambiar es frenar el proceso natural de cambio. Por el contrario, aceptar es permitir el cambio natural que va a ocurrir sin que yo lo decida.

Estar vivo es estar en movimiento permanente: lo que no puedo hacer es querer dirigir ese cambio.

Si unimos estos dos temas (el de la falta de aceptación y el de atarnos a nuestras creencias), tendremos el mapa de los problemas del noventa por ciento de las parejas.

Entramos en la pareja llenos de ideas sobre cómo debe ser el vínculo, cómo se comporta una mujer, cómo se comporta un hombre, cómo debería comportarse alguien que nos quiere, qué es y qué no es compartir, cuánto y cómo se debe hacer el amor, si debemos hacerlo todo juntos o no, etcétera.

Y ni en la pareja ni en los individuos existe una ley que determine lo que es mejor. Lo mejor es siempre ser quien uno es.

Es verdad que es posible evolucionar y superarse, pero sólo cuando aceptamos que somos quienes somos aquí y ahora. Dice Nana Schnake: «Nadie puede construir un puente sobre un río que no ve».

Aceptarnos no quiere decir renunciar a mejorar; quiere decir vernos como somos, no enfadarnos con lo que nos pasa, tener una actitud amorosa y establecer un vínculo reparador con nosotros mismos, que es lo que nos ayuda a crecer.

Si seguimos torturándonos a nosotros mismos, exigiéndonos ser lo que no somos, seguramente terminaremos atribuyéndole a alguien la causa de nuestro descontento. En un principio, este lugar lo ocupan los padres. Pero luego, a medida que crecemos, desplazamos esta acusación a nuestra pareja: «Él o ella es culpable de que no me desarrolle profesionalmente, de que no me divierta, de que no gane dinero, de que no sea feliz».

El trabajo empieza por uno mismo.

Aceptarnos es habitar confortable y relajadamente en nosotros mismos.

Besos.

Laura

P.D.: ¿Cuándo vuelves? Necesito que nos veamos.

Laura terminó de escribir el larguísimo texto y lo copió en el portapapeles para transcribirlo en el correo electrónico.

Abrió su administrador de correo y automáticamente buscó «Componer mensaje nuevo». Clic. «Para...» Clic. Se abrió la libreta de direcciones y buscó *Alfredo Daey...* Clic. «Aceptar». Clic. En la casilla «Asunto» de la ventana del correo escribió: *Creencias*. Hizo clic en «Pegar» y el largo mensaje quedó escrito en la pantalla. Subió a «Enviar». Clic.

La confirmación apareció en el monitor.

«Su mensaje acaba de ser enviado a Alfredo Daey en:
rofrago@yahoo.com»

Estaba a punto de apagar el ordenador cuando se dio cuenta del error. Buscó el mensaje en mensajes enviados, hizo clic en «Creencias» y, cuando el mensaje se abrió en la pantalla, bajó hasta la última línea y añadió:

P.D.: Acabo de enviarte este mensaje a tu dirección anterior. Allí quedará, esperando tu regreso. Mientras, te lo vuelvo a enviar a *trebor*. Más besos.

Laura

¿Debía haberle hablado más a Fredy sobre su entrevista con Roberto y Cristina? Posiblemente. Sin embargo, se sentía muy confundida por el momento. La conversación con su amiga había empeorado las turbulencias. ¿Y si Nancy tenía razón?

Laura llevaba un estandarte que enarbolaba con orgullo: nunca había tenido un lío con un paciente.

Por otra parte, como ella misma había escrito, debía aceptarse, no pelearse con sus pensamientos, con sus sentimientos ni con sus vivencias.

Pero, en aquel momento, «aceptarse» implicaba admitir que la conducta seductora de Roberto, la conversación con Nancy y el mensaje de Fredy incitándola a explorar, habían movilizado en ella una serie de fantasías que no solía tener en los últimos tiempos.

No podía negar lo que su profesión le impedía desconocer: que la confusión conduce siempre a la certeza si uno se da permiso para estar confuso durante un tiempo. No iba a ser fácil, por tanto, ponerse trampas a sí misma.

Por incómodo que resultara, tendría que esperar.

El mensaje que Fredy le enviaba en respuesta al suyo respondía a algunas de sus inquietudes.

Querida Laura,

Es importante encontrar un equilibrio entre la contención y la expresión de las emociones.

Creo que todo lo que venimos diciendo es muy bueno para personas que tienen dificultades para expresarse, pero no debemos olvidar que también hay algunas que tienen el problema opuesto, que es no poder contener lo que sienten. Este punto es muy interesante, porque mucha gente acostumbrada a leer sobre *gestalt* se da permiso para decir cualquier cosa porque lo siente, y cree que si lo siente tiene que expresarlo.

No estoy para nada de acuerdo, sobre todo cuando esas personas dicen barbaridades y después argumentan: «¡Ah! Yo soy muy auténtico y siento tal cosa y lo digo». No es así.

No dudo que ser conscientes de lo que sentimos, no engañarnos con nuestros pensamientos, darnos cuenta de lo que nos pasa, son actitudes esenciales. Esto es salud: «De ahora en adelante voy a ver qué hago con lo que me pasa».

Sin embargo, en ocasiones es muy importante aprender a contener lo que sentimos.

Deberíamos ser capaces de retener lo que nos pasa hasta el momento oportuno en que podamos expresarlo, y buscar la forma adecuada para que el otro pueda recibir nuestro corazón abierto.

Pongamos por caso el de nuestro paciente Roberto. Quedó fascinado con la entrevista contigo. El día después de verte me escribió una carta contándome el encuentro y agradeciéndome la recomendación.

Entonces me dice (te lo cuento de colega a colega) que a los cinco minutos de entrar sintió que estaba enamorado de ti desde antes de conocerte. Dice que hubiera deseado pedirle a Cristina que se fuera y dedicar aquel tiempo a hablar sobre sus cosas o sobre las tuyas, pero no sobre las de ellos dos (y la verdad es que no me pareció un caso de manifiesta transferencia positiva...).

Con buen criterio de salud, me parece, Roberto decidió controlar su impulso y dejar estar aquella emoción sin necesidad de transformarla compulsivamente en una acción.

Creo que no se trata de vomitar irresponsablemente: eso no ayuda para nada. Es fascinante el trabajo de ir hacia dentro navegando por nuestras emociones hasta ver qué pasa en el fondo, y no quedarnos con una primera emoción que puede esconder otras.

Es todo un tema el de las emociones. No confío en las personas que las toman como determinantes absolutos de su acción. Hace falta tener mucho trabajo realizado para saber lo que uno siente realmente y sólo después decidir si es o no el momento de decirlo, de actuar, de demostrarlo.

La gente frecuentemente no se da cuenta de lo que le pasa. ¿Cómo pretender que sean razonables en la expresión de sus sentimientos?

Para terminar, te confieso que, a veces, cuando las personas dicen estupideces como «La quiero pero no la amo», «Fulano ha muerto para mí» o «Lo quiero como persona», yo me pregunto qué estarán queriendo decir.

Fredy

P.D.: Y, hablando de cuidados... No me mandes más mensajes a la dirección anterior. Nunca te perdonaría perderme alguno de tus e-mails.

A partir del párrafo sobre las confesiones de Roberto, Laura había apresurado la lectura. Leía el mensaje pero, a la vez, rastreaba el texto para ver si había alguna nueva alusión a Roberto. Apenas leyó la firma, volvió a aquella parte y la releyó frenéticamente unas seis veces. Casi sin respiro, y con el párrafo en la pantalla, levantó el teléfono para dejar un mensaje en el contestador de su amiga.

—Nancy, ¡tú sí que lo tienes claro!

Capítulo 15

Laura abrió el armario, escogió una camisa y se la puso frente al espejo con un cuidado especial. Notó que se arreglaba un poco más que de costumbre y se permitió hacerlo.

La llamada había sido atípica: Roberto le pedía hora para una entrevista individual. Argumentaba que, dada la situación, no tenía sentido seguir asistiendo a las sesiones con Cristina sin que ellos hubieran conversado a solas al menos una vez.

Fiel a su ética profesional, Laura le había preguntado si Cristina sabía que la había llamado y si conocía su propuesta, ante lo cual Roberto le aseguró que no sólo lo sabía sino que además lo aceptaba. De hecho, Cristina nunca había estado demasiado de acuerdo en ir siquiera a la primera consulta, añadió.

A las tres de la tarde, Laura le volvió a abrir la puerta de su consulta y le invitó a sentarse.

—¿Un té? —preguntó.

—Sí, gracias —contestó Roberto.

Al acercarle la taza, Laura descubrió que Roberto tenía unos hermosos ojos castaños y se lamentó de no haberlo notado antes.

—Creo que la vez pasada vine con una excusa —empezó Roberto—. Quiero decir que me parece que hace mucho tiempo que sé que mi relación con Cristina no funcionará.

—¿Y entonces?

—Como Fredy me dice siempre, a veces me cuesta darme cuenta de que la verdad es la única posibilidad. Invento realidades alternativas que conducen a situaciones inútiles. He venido porque pienso que podrías ayudarme con algunas cosas que no tengo del todo resueltas.

—Se supone que para eso está tu terapia con Fredy.

—Fredy es mi amigo, aunque muchas veces me ayude a ver lo que me cuesta ver solo. El caso es que desde que escuché lo que escribiste sobre mi cuento de Egroj empezó a rondar por mi cabeza la idea de conocerte. En aquel momento no sabía si quería volver a empezar una terapia o charlar en una mesa con un café, pero sabía que no quería dejar de darme esta oportunidad. Así que llamé para pedirte hora y cuando me preguntaste si «nos» iba bien el jueves, me di cuenta de que se suponía que debía venir en pareja. Entonces me pareció que era una buena idea invitar a Cristina, ya que así podía resolver dos problemas de una vez: conocerte y terminar de definir mi situación con ella. Eso es todo.

—¿Y ahora?

—Ahora he leído algunas de las cosas que has escrito para el libro...

—¿Cómo es eso? —interrumpió Laura.

—Le pedí a Fredy que me leyera alguna de las cosas que habéis escrito él y tú, y a medida que las escuchaba me daba cuenta de que tú eres la persona con la que quiero seguir creciendo.

La entrevista se prolongó mucho más de los sesenta minutos previstos. A Laura, Roberto le pareció un hombre muy interesante, inteligente, sensible, creativo, fresco y seductor.

Hablaron sobre su trabajo, sobre el de ella, sobre parejas, sobre el amor, sobre la muerte del romanticismo, sobre el sexo y sobre las diferencias culturales arquetípicas entre hombres y mujeres.

Casi en ningún momento Laura sintió que estaba ocupando el lugar del terapeuta. En todo caso, y a ratos, se sentía como una maestra con la experiencia del camino explorado. El resto del tiempo, simplemente, se sintió como una mujer frente a un hombre que contaba sus experiencias y sostenía posturas tan diferentes como encantadoras.

A las cinco y diez sonó el teléfono del consultorio y Laura habló durante unos tres minutos con una paciente. Nada más colgar se acercó donde estaba Roberto.

—Bueno —le dijo sin sentarse—. Creo que por hoy es suficiente.

—¡Las cinco y cuarto! —exclamó él mirando su reloj.

Roberto se puso de pie.

—¿Cuánto te debo? —preguntó.

—Nada —dijo Laura.

—No, por favor, es tu trabajo —insistió Roberto.

—Esto no ha sido trabajo —le dijo Laura honestamente.

—Me ha encantado nuestra charla —dijo Roberto.

—A mí también —repuso Laura.

Roberto esperó a hacer la pregunta hasta que llegó a la puerta.

—¿Podemos volver a vernos? Me gustaría ser yo quien te invite a tomar un té.

Laura se sintió descubierta, aunque de alguna manera esperaba aquel comentario. No sabía si lo deseaba para aceptarlo o para confirmar la validez de las sensaciones que la invadían. Laura había aprendido que cuando no sabía qué decir, debía decir lo que dijo:

—No sé... —contestó abriendo la puerta.

Se despidieron con un beso en la mejilla y, cuando Roberto levantó la mano en señal de último saludo, Laura quiso añadir:

—Llámame.

Aquella noche, Laura llegó a casa, encendió el ordenador y escribió:

Fredy,

Una vez nos pusimos de acuerdo en que uno de los objetivos del libro iba a ser desmitificar el amor, la pareja, el sexo; ponerlo todo en el lugar que ocupa para nosotros, sin tantas ideas preconcebidas ni mandatos, de una forma un poco más suave, más real.

Creo que en un primer momento esta posición es inquietante, pero no dudo que después es muy relajante.

El amor romántico ha muerto. Tendríamos que determinar de qué hablamos hoy en día cuando hablamos de amor. Creo que es una pregunta importante con la que el libro deberá enfrentarse. Tú dices: «Amor es que alguien me importe. Si alguien me importa quiere decir que lo quiero y si ya no me importa será que ya no lo quiero».

Sin embargo, yo pienso que el amor sigue incluyendo una sensación física. No sé cómo definirlo. Me pasa con todas las personas a las que quiero. En los momentos de más intensidad es como si se me abriera el pecho, y en los momentos cotidianos es como un bienestar físico. Me pasa con mis amigos, con mi familia, con mi ex marido y hasta con algunos pacientes. Me alegra verlos o hablar con ellos. Pero no me pasa con todos: con algunos sucede y con otros no. Por supuesto, esto no se contradice con tu opinión: esas personas me importan, pero para mí hay más.

Hay gente que me llega hasta el alma. Cuando me separo de Estela, que vive en Córdoba, o de Nana cuando viaja a Chile, siento como un dolor en el pecho que no se produce cuando me alejo de otras personas.

No me gusta esta manera de definirlo porque no es nada clara, pero no encuentro otra manera de explicarlo.

Amar tiene que ver con la decisión de dejar entrar al otro, con bajar mis defensas, con abandonar mi desconfianza, con atreverme a salir de mis ideas rígidas en su honor y tomar la decisión de descubrir cómo es, cómo se mueve y cómo piensa, sin intentar que piense como yo o que haga lo que yo pienso. Tiene que ver con no intentar forzarme a ser como yo creo que a él le gustaría que fuera.

Creo que el amor es algo que va sucediendo. Pero para llegar a eso hay que atravesar los prejuicios que nos impiden amar, y uno de esos prejuicios es nuestra definición cultural de «pareja».

¿Qué es una pareja? ¿Qué hace que dos personas sean una pareja? Tú siempre mencionas el proyecto común. A mí nunca se me hubiera ocurrido: yo pienso que son otras cosas, pero te escucho.

El placer de estar juntos: esta sería otra definición.

Obviamente, si sólo valoro su belleza, su poder económico o cuánto me quiere, no podré conectar con lo que me pasa cuando estoy con él.

Podría decir que cuando sentimos placer estando con otra persona tendemos a elegir compartir la mayoría de las cosas con ella, y esa es una decisión interna. Ni siquiera tiene que ver con la persona con quien uno vive, ni siquiera es voluntaria. Más bien es algo que OCURRE cuando nos sentimos unidos a otro de una manera diferente. Es un compromiso interno y especial que sentimos cuando ambos estamos presentes

¿Qué es presencia? Estar en el aquí y el ahora es quizás la parte más importante de este desafío. Es necesario aceptar sin falsa modestia que lo que hace al presente tan especial y tan diferente del pasado y del futuro es, sin lugar a dudas, mi presencia. Esto está ocurriendo verdaderamente, está disponible y yo lo estoy viviendo.

Estar en el aquí y el ahora, el **«continuo del darse cuenta»** (como lo explicaba Fritz Perls), es una técnica, un método, e incorporarlo a nuestra vida cotidiana es como aprender a ir en bicicleta: al principio necesitas unas ruedecitas para no caerte; necesitas estar pendiente del equilibrio y es muy difícil. Pero con la práctica llegamos a automatizar ese aprendizaje y, de forma inexplicable, ese andar fluye sin que tengamos que ocupar nuestra mente en mantener el equilibrio.

En nuestra propuesta, este fluir (que se puede aprender y automatizar) es la presencia.

El trabajo psicológico que hacemos se pone así al servicio del desarrollo espiritual.

Es el yo rígidamente estructurado el que nos impide el acceso a nuestro verdadero ser, y por ello nuestra desestructuración personal se puede convertir en un vehículo para el descubrimiento de lo absoluto; sin embargo, el principal obstáculo será siempre no saber estar presentes en nosotros mismos.

¿Cómo estar presentes en los lugares en que no queremos estar presentes? ¿Cómo estar presentes en los lugares de donde únicamente queremos huir?

Esos lugares que detestamos son los lugares donde nunca aprendimos a estar, situaciones a las que nadie nos enseñó a enfrentarnos, sino que más bien aprendimos a huir de ellas.

Tenemos que desarrollar la capacidad de volver a estar allí.

Nos imaginamos que es imposible estar en lugares dolorosos y, en consecuencia, creemos que la única salida es reaccionar: volvernos introvertidos, atacar, culpar o escapar.

Después de haber vivido muchos años con esta actitud, aquellos lugares quedaron abandonados. A causa de ese vacío de presencia, internamente ha quedado un agujero negro, un pedazo que falta.

Las historias que nos inventamos parten de la idea de que si nos metemos dentro de nuestra pena, nunca vamos a salir de ella. Si nos entregamos a nuestra tristeza, vamos a quedar atrapados allí. Es peligroso volver a ese lugar: lo imaginamos cubierto de oscuridad, cuando en realidad lo único que hay allí es falta de presencia.

Por eso tenemos que aprender la manera de estar presentes allí, que es donde vamos a iniciar el camino de curarnos a nosotros mismos.

Si podemos estar presentes en ese dolor, donde nunca antes hemos estado, empezaremos a encontrar nuestra fuerza. Y entonces, de nuevo, el encuentro con el otro se hará posible en el encuentro con nosotros mismos. Estaremos *presentes* los dos. Y de eso se trata.

Uno de los problemas de nuestra actitud desmitificadora es que atenta contra toda la tradición cultural basada en que con la boda se resuelve todo. Todas las historias de amor terminan con un final feliz: «Se casaron, fueron felices y comieron perdices...». Despertemos a los distraídos: la pareja no es eso.

La pareja es un camino nuevo, un desafío.

Con ella nada termina. Al contrario, todo comienza. Salvo una cosa: la fantasía de una vida ideal sin problemas.

Es duro tener que dejar de lado nuestras fantasías sobre lo que podría ser. Es una renuncia importante. Esa pareja ideal con la que soñé desde que era una niña muere con el matrimonio, y produce un gran dolor. Ciertamente, cuando me doy cuenta de que no es así, empiezo a odiar al culpable.

Es necesario aprender que soy yo la que tiene que resolver su propia vida: descubrir qué me gusta, cómo voy a mantenerme, cómo quiero divertirme, cuál es el sentido que quiero dar a mi vida.

Todas estas cuestiones esenciales son personales: nadie puede resolverlas por mí. Lo que puedo esperar de una pareja es un compañero en mi camino, en la vida, alguien que me nutra y a su vez se nutra con mi presencia. Pero, sobre todo, alguien que no interfiera en mi camino de vida.

Esto es suficiente.

La peor de nuestras creencias aprendidas y repetidas de padres a hijos es que se supone que vamos en búsqueda de nuestra otra mitad. ¿Por qué no intentar encontrar a otro entero en vez de conformarse con uno partido por la mitad?

El amor que proponemos se construye entre seres enteros que se encuentran, no entre dos mitades que se necesitan para sentirse completas.

Cuando necesito al otro para subsistir, la relación se convierte en dependencia. Y, en dependencia, no se puede elegir.

Y sin elección no hay libertad.

Y sin libertad no hay amor verdadero.

Y sin amor verdadero podrá haber matrimonios, pero no habrá pareja.

Te quiero siempre,

Laura

Laura releyó lo escrito y se reclinó satisfecha.

Cuando apretó el botón «Enviar y recibir» apareció en su bandeja de entrada un largo mensaje titulado «Hola Laura» que venía desde *amarseconlosojosabiertos@nuevamente.com*

Epílogo

amarseconlosojosabiertos@

Estimado Roberto,

Por fin ha llegado la hora de conocernos. Durante estos dos años hemos estado muy cerca y muy en contacto, y sin embargo hemos sabido realmente muy poco el uno del otro.

Empecé a sospechar de tu existencia cuando recibí el segundo mensaje del doctor Farías (el presidente de Intermedical, ¿te acuerdas?). Al principio era incomprensible el texto de su disculpa y muy sorprendente el mensaje adjunto que supuestamente yo le había mandado enviándolos a paseo. Me costó tres meses hacerme una composición de lugar de lo que podía haber pasado, y aún hoy, habiendo confirmado los hechos, me sigue pareciendo increíble.

Yo registré la dirección de correo electrónico *rofrago* hace dos años. Era el producto de un juego con los nombres de mis hijos: Romina, Francis y Gonzalo. Desde entonces la utilicé como dirección operativa de comunicación con el exterior. También yo, como tú, supongo, me sorprendía de la cantidad de mensajes perdidos que llegaban a mi buzón y, aunque nunca contesté ninguno, reconozco haber borrado algunos para dejar espacio libre en el servidor.

De todas formas, no quiero usar este mensaje para discutir la fiabilidad o falibilidad de los recursos de Internet. Me gustaría ser breve y no perder de vista el objetivo de este mensaje, aunque esto requiera cierta explicación previa.

Como supongo que ya sabes, Laura y yo nos conocíamos desde hacía muchos años, por habernos cruzado en congresos o en actividades de la asociación. Yo leía y valoraba sus conferencias y sus artículos sobre parejas, y ella, según dice, había disfrutado de algún libro escrito por mí. Por azar o no tanto, nos encontramos haciendo una presentación conjunta en el Congreso Mundial de la Asociación Gestáltica en Cleveland, Estados Unidos. Allí fue cuando se me ocurrió la idea de escribir juntos un libro sobre parejas. Hacía mucho que yo estaba investigando sobre el tema, pero la idea de aportar la claridad y la experiencia de Laura era francamente tentadora.

Después de reunirnos varias veces nos dimos cuenta de que los compromisos y las actividades de cada uno impedían la frecuencia de nuestros encuentros. Así que decidimos trabajar a través del *e-mail*. La idea, como ya sabes, fue intercambiar información para, más tarde, darle forma de libro.

Laura coincidía conmigo en que escribir un libro similar a otros sobre el tema era intrascendente y prescindible. Había que encontrar una estructura diferente. Cuando los mensajes empezaron a ir y venir a mí se me ocurrió que podíamos editarlo en forma de intercambio de correo electrónico entre dos terapeutas que comparten ideas sobre terapias de pareja y parejas en terapia.

El tiempo pasó y Laura seguía escribiendo y quejándose de mi poca presencia, pero yo estaba descorazonado. Nada acababa de convencerme. Le pedía a Laura que siguiera escribiendo, pero no sabía qué vuelta darle al libro para que fuera atractivo. ¡Al menos para mí!

Y entonces, mágicamente, apareciste tú.

La confirmación de cómo habían sucedido los hechos llegó cuando Laura envió por error aquel mensaje a *rofrago*. Como te decía más arriba, me costó varias semanas poder darle coherencia a los hechos, entender que habías estado escribiendo a Laura en mi nombre, deducir tu creación de *trebor* (Robert al revés, claro) y la doble mentira para preservar el control de nuestro intercambio.

Te confieso que me enfadé enormemente. Cuando escribí a Laura desde este nuevo buzón contándole de ti, todavía las fantasías jurídicas y vindicativas rondaban por mi cabeza...

Hasta que, de pronto, una mañana me desperté iluminado.

¡Esta era la trama para el libro!

¡Esta era la presentación! Lo que debía hacer era meter la realidad de tu existencia en medio de los conceptos de la teoría psicológica de parejas y montar una novela.

El único objetivo de esta carta, mi querido Roberto, es darte las gracias. Te aseguro que no hay ironía en esta frase. Como siempre digo, yo no soy un escritor, y creo que Laura tampoco. Te aseguro que jamás, te repito, jamás, se nos hubiera ocurrido una trama tan atractiva y envolvente como la que planteó tu presencia entre nosotros.

Como prueba de nuestro honesto reconocimiento vayan la dedicatoria de nuestro libro y este cuento que he elegido personalmente para contarte.

No sé quién lo escribió ni quienes lo hicieron circular por Internet, pero llegó a mí como un regalo de mi amigo Pancho Hunneus, de Chile.

Había una vez, en un pueblecito muy pequeño, un hombre que trabajaba de aguador. Por aquel entonces el agua no salía de los grifos, sino que estaba en el fondo de profundos pozos o en el caudal de los ríos. Si no había pozos excavados cerca del pueblo, el que no quería ir a buscar el agua personalmente debía comprarla a uno de los aguadores que, con grandes tinajas, iban y volvían al pueblo con el preciado líquido.

Una mañana, una de las tinajas se agrietó y empezó a perder agua por el camino. Al llegar al pueblo, los compradores le pagaron las acostumbradas diez monedas por la tinaja de la derecha, pero sólo cinco por el contenido de la otra, que apenas llegaba a la mitad.

Comprar una tinaja nueva era demasiado costoso para el aguador. Así que decidió que debía apurar el paso para compensar la diferencia de dinero que recibía.

Durante dos años el hombre siguió yendo y viniendo a paso firme, llevando agua al pueblo y recibiendo sus quince monedas como pago por una tinaja y media de agua.

Una noche lo despertó un *chist* en su habitación:

—Chisssst... Chissssst...

—¿Quién anda ahí? —preguntó el hombre.

—Soy yo —dijo una voz que salía de la tinaja agrietada.

—¿Por qué me despiertas a estas horas?

—Supongo que si te hablara de día y a plena luz, el susto te impediría que me escucharas. Y necesito que me escuches.

—¿Qué quieres?

—Quiero pedirte que me perdones. No fue culpa mía la grieta por donde el agua se escurre, pero sé lo mucho que te he perjudicado. Cada día, cuando llegas al pueblo cansado y recibes por mi contenido la mitad de lo que recibes por mi hermana, me dan ganas de llorar. Yo sé que debías haberme cambiado por una tinaja nueva y desecharme, y sin embargo me has mantenido a tu lado. Quiero agradecértelo y pedirte una vez más que me disculpes.

—Es gracioso que me pidas disculpas —dijo el aguador—. Mañana, bien temprano, saldremos juntos tú y yo. Quiero enseñarte algo.

El aguador siguió durmiendo hasta el alba. Cuando el sol se asomó por el horizonte, tomó la vasija agrietada y se fue con ella al río.

—Mira —dijo al llegar, señalando la ciudad—. ¿Qué ves?

—La ciudad —dijo la vasija.

—¿Y qué más? —preguntó el hombre.

—No sé... El camino —contestó la vasija.

—Exacto. Mira a los lados del sendero. ¿Qué ves?

—Veo la tierra seca y el ripio del lado derecho del camino y los canteros de flores del lado izquierdo —dijo la vasija, que no entendía qué le quería mostrar su dueño.

—Durante muchos años he recorrido este camino triste y solitario llevando el agua hasta el pueblo y recibiendo igual cantidad de monedas por ambas tinajas... Pero un día noté que te habías agrietado y que perdías agua. Yo no podía cambiarte, así que tomé una decisión: compré semillas de flores de todos los colores y las sembré a ambos lados del camino. En cada viaje que hacía, el agua que derramabas regaba el lado izquierdo del sendero y, en estos dos años, conseguiste crear esta diferencia. El aguador hizo una pausa y, acariciando a su leal vasija, le dijo: «¿Y tú me pides disculpas? ¿Qué importan algunas monedas menos si gracias a ti y a tu grieta los colores de las flores me alegran el camino? Soy yo quien debe agradecerte tu defecto».

Ojalá seas capaz, como creo que lo eres, de entender por qué he elegido regalarte este cuento.

Y bien, la novela está casi terminada. Nos falta decidir el final.

¿Deberían Roberto y Laura finalmente encontrarse y crear una relación saludable «con los ojos abiertos», como sugiere el título del libro que tan adecuadamente elegiste?

¿O debería Laura, al conocer la mentira por boca de Fredy, despreciar a Roberto, generando una moraleja sobre lo poco adecuado que es el engaño en el amor?

Quizás haya que encontrar otros finales menos clásicos. O quizás, como en la vida, uno nunca sepa cómo van a terminar las cosas.

Dr. Alfredo Daey
amarseconlosojosabiertos@nuevamente.com

P.D.: ¡Ah! Hay algo más que debo agradecerte. Farías publicará mi trabajo bajo mis condiciones y sin ninguna restricción a fin de compensar su tardanza.

24 de enero, 2000
17:07:10

www.amarseconlosojosabiertos.com intenta ser, ante todo, un sitio para encontrarse con uno mismo y con el otro a través del diálogo; un lugar para la reflexión sobre los temas planteados en la obra. De esta manera, la apuesta de la novela se combina (y se completa) con el encuentro que nos permite el foro. Encuentro con el otro, para discutir, coincidir, opinar, compartir o incluso para espiar y aprender.

De alguna manera, junto a Jorge Bucay y Silvia Salinas, el foro nos da la oportunidad de reescribir el texto, de ser autores y personajes de la obra, de nuestra obra (un texto sin un principio y sin un fin).

En el foro www.amarseconlosojosabiertos.com tendrás la oportunidad de relacionarte con otros lectores del libro, participar en concursos, hacer sugerencias o participar en los debates propuestos por los autores.

www.amarseconlosojosabiertos.com
un foro para encontrarse...

Amarse
con los ojos abiertos

Quiero dar las gracias a la persona que me invitó a visitar España por primera vez, Rosa Cano, y a Laura Wilkis, quienes confiaron en mí y hasta la actualidad organizan mis talleres en Málaga.

Si alguien está interesado en realizar uno de estos talleres, puede ponerse en contacto con Laura Wilkis:

Tel.: 600 60 236
E-mail: laurawilkis@hotmail.com

Silvia Salinas